巴菲特教你读财报

[美] 玛丽·巴菲特（Marry Buffett） 戴维·克拉克（David Clark）◎著 李凤◎译

中信出版集团·CHINACITICPRESS·北京

图书在版编目（CIP）数据

巴菲特教你读财报/（美）巴菲特，（美）克拉克著；李凤译．—2版．—北京：中信出版社，2015.8（2025.10重印）
书名原文：Warren Buffett and the Interpretation of Financial Statements
ISBN 978-7-5086-5291-7

Ⅰ．巴…　Ⅱ．①巴…　②克…　③李…　Ⅲ．公司—会计报表—会计分析　Ⅳ．F276.6

中国版本图书馆CIP数据核字（2015）第138811号

巴菲特教你读财报

著　　者：[美] 玛丽·巴菲特　戴维·克拉克
译　　者：李　凤
策划推广：中信出版社（China CITIC Press）
出版发行：中信出版集团股份有限公司
　　　　（北京市朝阳区东三环北路27号嘉铭中心　邮编　100020）
　　　　（CITIC Publishing Group）
承 印 者：河北鹏润印刷有限公司

开　　本：787mm×1092mm　1/16　　印　　张：12.5　　字　　数：84千字
版　　次：2015年8月第2版　　印　　次：2025年10月第36次印刷
京权图字：01－2008－6115
书　　号：ISBN 978-7-5086-5291-7/F·3421
定　　价：32.00元

目 录

第二部分

资产负债表

第三部分

现金流量表

第四部分

衡量具有持续竞争优势公司的价值

推荐序

想知道股票值多少钱：首先要知道公司值多少钱

大家都知道巴菲特投资股票的策略是价值投资，什么是价值投资？

巴菲特的解释是："用 40 美分购买价值 1 美元的股票。"股票价格是不是 40 美分，一看就知道。但股票价值是不是 1 美元，看不见也摸不着，只能估计。因此，价值投资的前提是估算股票价值的多少。

价值估算得越准，投资成功的概率就越高。这里说的准，不是准确到几角几分。巴菲特说："我们只是对于估计一小部分股票的内在价值还有点儿自信，但这也只限于一个价值区间，而绝非那些貌似精确实为谬误的数字。"①

估计价值区间，重要的不是最高价值，而是对这只股票的最低价值估计得是否准确。

---

① Warren Buffett：the Chairman's Letter to the Shareholders of Berkshire Hathaway Inc. 1999.

如果到商场买东西，尽管你不知道东西究竟值多少钱，但如果你知道基本的价格，而你买的价格比你估算的最低价值还要便宜许多，你就知道你买的价格到底便宜不便宜了。和你买东西一样，最重要的是知道价值的下限，这样你就能给自己设定一个买入的价格底线。

那么，如何知道一只股票值多少钱呢？

很简单，前提是你知道这家公司整体值多少钱。

股票，是公司所有股权的一小部分。如果说公司的全部股权是一张大饼的话，一只股票，就是其中的一小份股权，而且每一只股票都是完全相同的，有相同的利润分配的权利。

大饼可以分开吃，公司却必须以整体存在。股票的奇妙之处在于，公司继续以整体存在，但股权可以像大饼分成很多小份，一小份就是一股，公司给你一份拥有股份的产权凭证，就是股票。

买卖股票，形式是股票过户，但本质是买卖股权。这如同你买卖房子一样，形式是产权证过户，但本质上是房子的产权转移了。因此，巴菲特一再强调，买股票就是买公司。

要估算每股股票值多少钱，一个方法是知道整个公司值多少钱，然后再除以股份总数就行了。如同先算出一张大饼值多少钱，再除以你总共分了多少份，就知道一份值多少钱了。

可能你又要问了，我怎么估计这家公司值多少钱呢？

你首先要知道内在价值的定义和估算方法。

巴菲特简单有效的估值方法：像估算债券一样估算股票价值

巴菲特对内在价值定义如下："内在价值是一个非常重要的概念，它为评估投资和企业的相对吸引力提供了唯一的逻辑手段。内在价值可以简单定义如下：它是一家企业在余下的寿命中可以产生的现金流量的贴现值。"①

"在写于50年前的《投资价值理论》中，约翰·伯尔·威廉姆斯提出了价值计算的数学公式，这里我们将其精炼为：今天任何股票、债券或公司的价值，都取决于在资产的整个剩余使用寿命期间预期能够产生的、以适当的利率贴现的现金流入和流出。请注意这个公式对股票和债券来说完全相同。尽管如此，两者之间有一个非常重要的也是很难对付的差别：债券有一个息票（coupon）和到期日，从而可以确定未来的现金流。而对于股票投资，投资分析师则必须自己估计未来的'息票'。另外，管理人员的能力和水平对于债券息票的影响甚少，主要是在管理人员如此无能或不诚实，以至于暂停支付债券利息的时候才有影响。与债券相反，股份公司管理人员的能力对股权的'息票'有巨大的影响。"②

大家应该明白了，在巴菲特看来，股票就是利息不固定的债券

① Warren E. Buffet："An Owner's Manual" to Berkshire's to Berkshire's Shareholders. June 1996.

② Warren Buffett：the Chairman's Letter to the Shareholders of Berkshire Hathaway Inc. 1992.

而已。

估计公司的整体价值、估计股票的价值和估计债券的价值在方法上是一样的。公司每年的利润、股票享有的利润如同债券的利息，但在操作上却有很大的不同，公司利润和股票享有的利润每年都是变动的，而债券每年的利息却是固定的。

预测公司未来几年的利润究竟会有多少，简直太难了。

一个很笨却很有用的方法是，放弃那些赢利很不稳定、很难预测的公司，只寻找未来现金流量十分稳定、十分容易预测的公司，这类公司有三个特点：一是业务简单且稳定，二是有持续竞争优势，三是赢利持续稳定。那些过去很多年赢利、长期保持稳定的公司，未来现金流量也很有可能继续保持稳定。

这正是巴菲特认为防止错误估计未来现金流量的非常保守却非常可靠的方法："尽管用来评估股票价值的公式并不复杂，但分析师——即使是经验丰富且聪明智慧的分析师——在估计未来现金流时也很容易出错。在伯克希尔，我们采用两种方法来对付这个问题。第一，我们努力固守我们相信可以了解的公司。这意味着这些公司的业务本身通常具有相当简单且稳定的特点，如果企业很复杂，而产业环境也在不断变化，那么我们实在没有足够的聪明才智去预测其未来的现金流量，碰巧的是，这个缺点一点儿也不会让我们感到困扰。对于大多数投资者而言，重要的不是他们到底知道什么，而是他们真正明白自己到底不知道什么。只要能够尽量避免犯重大的错误，投资人只需要做很少几件正确的事情就足以保证赢利了。第二，也是同等重要的，我们强调在我们的买入价格上留有安全边际。如果我们计算出一只普通股的价值仅仅略高于它的价格，那么我们不会对买入它产生兴趣。我们相信这一安全边际原则——格雷厄姆非常强调这一原则——是成功投资的基石。”①

既然这些公司的赢利像债券一样稳定，我们就可以用类似于债券的简单估值方法进行估值。是不是很简单？这正是巴菲特选股的秘诀。

巴菲特的选股秘诀：寻找利息持续增长的“股权债券”

20 世纪 80 年代末期，巴菲特在哥伦比亚大学做演讲时透露了他的选股秘诀。他只选择那些具有持续竞争优势的公司，这类公司的股票相当于一种股权债券。

所谓股权债券，指的是其本质上是股票，拥有公司部分股权，能够享有相应的利润分成，但形式上像债券，每年可以享有的利润像债券利息一样稳定。公司的税前利润就相当于债券所支付的利息。

不同于普通的债券，股权债券所支付的利息稳定，但并不是固定的，而是年复一年地保持增长态势，股权债券的内在价值自然也在不断地攀升，最终会推动公司股价在长期内持续增长。原因很简单，巴菲特知道，股市长期而言是一台称重机，最终会反映公司的内在价值

① Warren Buffett：the Chairman’s Letter to the Shareholders of Berkshire Hathaway Inc. 1992.

增长。

这听起来似乎有些复杂。其实就像你买债券一样，是复利，也就是利滚利。表面看起来，利率是不变的。但你每年的利息到了第二年就成了新增的本金，这样你的本金总额会越来越多，尽管利率不变，你的利息总额也会越来越多，按照最初的本金计算，你的实际利率也会越来越高。

巴菲特寻找的具有持续竞争优势的优秀公司，其实就是一个按照复利模式而且利率水平相当高的赚钱机器。

举个简单的例子，假如你第一年的股票投资是 1 美元，每年的投资收益率是 20%。第二年，你的本金就是最初的 1 美元加上第一年的赢利 0. 20 美元，一共是 1. 20 美元。第二年年底，收益率还是 20%，你新增的赢利就是 1. 20 美元乘以 20%，是 0. 24 美元。就这样，第三年、第四年，利滚利，一直滚下去。

猜一猜，10 年之后，你的本利合计是多少？6. 19 美元。

你下一年按 20% 的收益率新增的赢利是多少？1. 238 美元。

按你最初的本金 1 美元计算，收益率高达 123% 以上。

这样一只一年赚 1. 238 美元的股票，值多少钱？

用一只一年赚 5% 的长期公司债券或者债券来衡量，其价值为 1. 238 美元除以 5%，等于 24. 76 美元。相对于你最初投入的 1 美元本金，升值了 24 倍以上。

再举一个真实的例子。

20 世纪 80 年代末期，巴菲特开始以平均每股 6. 5 美元的价格购入可口可乐公司的股票，该公司的税前利润为每股0.70美元，相当于每股0.46美元的税后利润。从以往数据来看，可口可乐公司一直保持着每年约15%的利润增长率。由此，巴菲特认为他买到的是可口可乐公司的股权债券，这种债券能为他每股6.5美元的投资带来10.7%的最初税前回报率，同时他也认为该回报率今后将以每年15%的速度增长。

那么，巴菲特投资于可口可乐公司的股权债券，结果怎么样呢？

可口可乐公司的税前利润以每年大概9.35%的增长率增长，截至2007年其每股收益为3.96美元，相当于税后每股2.57美元。这意味着，巴菲特初始投资的每股6.5美元的可口可乐公司股权债券，在2007年支付了每股3.96美元的税前回报给他，这相当于60%的税前回报率和40%的税后回报率。

股票市场一旦看到这些回报率，终有一日会重估巴菲特的股权债券价值，反映出其增长价值。

2007年，可口可乐公司赚取3.96美元的每股收益，相当于每股2.57美元的税后利润。按照6.5%的长期公司债券利率计算，其每股股票价格应在60美元（3.96美元÷0.065=60美元）。2007年，可口可乐公司的股票市场价格在45~64美元间波动。

巴菲特知道，如果他买入一家具有持续竞争优势的公司，随着时间的推移，股票市场最终会重估公司的股权债券，其市场价值大约等于每股赢利除以长期公司债券利率。的确，股票市场风云莫测，投资者们有时太过悲观，有时又太过乐观，但最终决定长期投资实际经济价值的就是长期利率。

分析股票的前提是分析财务报表

我们已经知道巴菲特想要寻找的是什么样的公司，目标确定了，下一步就是如何找到具有持续竞争优势和能够持续赢利的公司。

唯一的办法就是阅读财务报表。

上市公司每年都要向股东公布上一年的年度财务报告，简称年报。在年报中，公司向股东汇报过去一年的经营情况，其中最重要的是财务报表，所有的财务数据都反映在财务报表中。

巴菲特阅读最多的是企业的年度财务报告。

“我阅读我所关注的公司年报，同时我也阅读它的竞争对手的年报，这些是我最主要的阅读材料。”①

“你必须阅读无数家公司的年度报告和财务报表。”

“有些人喜欢看《花花公子》，而我喜欢看公司年报。”

巴菲特认为分析企业财务报表是进行价值评估的基本功：

> 你必须了解财务会计，并且要懂得其微妙之处。它是企业与外界交流的语言，一种完美无瑕的语言。除非你愿意花时间去学习它——学习如何分析财务报表，你才能够独立地选择投资目标。

“当经理们想要向你解释清楚企业的实际情况时，可以通过财务

① Warren Buffett：Berkshire Hathaway Annual Meeting，1993.

报表的规定来进行。但不幸的是，当他们想弄虚作假时，起码在一些行业，同样也能通过财务报表的规定来进行。如果你不能辨别出其中的区别，你就不必在资产管理行业中待下去了。”①

分析财务报表其实很简单

巴菲特的投资神话可以归纳为一句话：寻找具有持久竞争优势，能够保持赢利持续增长的优秀企业，以低于价值的价格买入。

巴菲特选股的成功秘诀在于两大关键点：

如何辨别一家公司是不是具有持久竞争优势的优质企业？

如何估算这家具有持久竞争优势的优秀公司值多少钱？

学习好不好，用分数说话。

公司好不好，用数字说话。

要回答这两个价值投资决策的关键问题，必须分析财务报表。

巴菲特通过财务报表挖掘出具有持久竞争优势的优质企业。企业的财务报表可以反映出，这是一个会让你一贫如洗的平庸企业，还是一个拥有持久竞争优势、让你腰缠万贯的企业。

其实很多投资者都明白分析财务报表的重要性，但大家都担心分析报表需要很多专业知识，而自己根本不懂财务，要学会太难了。

---

① ［美］珍妮特·洛尔著：《沃伦·巴菲特如是说》，海南出版社，1998 年，第 121 页。

其实，分析财务报表很简单。

第一，只用小学算术。

第二，只需要看几个关键指标。

第三，只需要分析那些业务相当简单，报表也相当简单的公司。

本书就是用简短的篇幅，告诉你巴菲特通过分析公司财务报表选择优秀公司股票的简单方法。

本书主要分成四个部分，前三个部分分别教你如何阅读损益表、资产负债表、现金流量表，一步步教会你如何通过一些简单有效的财务指标，分析出具有持续竞争优势的优秀企业。最后一个部分则教你如何用最简单的债券估值方法，对这类公司的股票进行估值，并告诉你根据估值结果决定买入和卖出时机的方法。

真的非常简单。

不信，就让我们一起试试看吧！

刘建位

汇添富基金管理有限公司首席投资理财师

序言

时间追溯到1981年，我嫁给了彼得·巴菲特，成为沃伦·巴菲特的儿媳妇。沃伦·巴菲特是世界上最成功的投资大师，如今也是一位伟大的慈善家。12年后，由于种种原因，我离开了巴菲特家族。

新婚不久，我去奥哈马拜访了巴菲特家族。在那里，我结识了这位投资大师的一些忠实的学生，他们把自己称为“巴菲特追随者”。戴维·克拉克就是其中最成功的追随者之一，他随身携带一个记有巴菲特投资智慧的笔记本，总是一丝不苟、孜孜不倦地学习。正是得益于他的笔记本，我与他才合作出版了一系列投资类畅销书：《巴菲特之道》、《巴菲特法则》、《巴菲特法则实战手册》以及《新巴菲特法则》。这些书被翻译成17种语言，包括希伯来语、阿拉伯语、中文和俄文。

《巴菲特之道》获得巨大成功之后，在2007年伯克希尔·哈撒韦公司的年会上，我又碰见了戴维。我们共进午餐时讨论了投资分析方法的历史发展情况。他指出，在19世纪末和20世纪初，债券投资分析家们关注企业的偿债能力与赢利能力。华尔街之父、巴菲特的导师本杰明·格雷厄姆在其股票分析中就沿用了债券投资的分析方法。

但是，格雷厄姆从来不会将在同行中具有长期竞争优势的公司与其他平庸之辈区别对待。他只关心公司是否有足够的赢利能力助其渡过经济难关，逆转股价直线下降的局势。他更不会将公司股票持有10年甚至20年的时间，只要手中的股票两年内没有起色，他就会毅然抛掉。当然，格雷厄姆也没有错过任何赚钱的机会，只是没有搭上那艘驶向世界最高金山的大船，可以同巴菲特一样，成为世界上最富有的人。

巴菲特师从于格雷厄姆，并由此登上了投资舞台。与他的导师不同，巴菲特发现具有长期相对竞争优势的公司是创造财富的巨大原动力，持有这些优秀公司股票的时间越长，你就会越富有。格雷厄姆也许会认为这些超级公司的股价都过高，但巴菲特觉得根本没有必要等到“大削价”的时候才进场，只要支付的价格合理，他同样可以从那些优秀公司身上赚个盆满钵满。

为辨识出具有长期竞争优势的企业，巴菲特设计出了一套独特的分析工具帮助他寻找这类超级明星公司。虽然巴菲特是格雷厄姆的忠实弟子，但他看待事物的角度新颖独特，能够判断出这家公司是否有能力摆脱困境，是否真的具有长期竞争优势，并让他长期获得丰厚的收益。

午餐结束后，我问戴维我们可不可以写一本关于分析公司财务报表的入门书，力求简明扼要、易学易懂，将巴菲特用以发现极具发展潜力公司的财务分析工具介绍给大家。

我希望这本简单易懂的书可以教会投资者如何阅读一家公司的财务报表，识别出巴菲特梦寐以求的优质公司。书中不仅解释了资产负债表和损益表中各项内容的含义，更重要的是想让投资者知道，他们应该去寻找那些具有长期竞争优势的杰出企业。

戴维十分赞同这个想法，于是我们用一个月的时间完成了现在你所看到的这本书。

我们由衷地希望这本书能帮助你跳脱过时的格雷厄姆价值模型，发现具有持续竞争优势的公司的财富创造力，像沃伦·巴菲特一样在投资道路上取得巨大突破。在此过程中，你会发现投身于股海中的自己不会受制于华尔街的喧嚣和躁动，而且还有希望成为世界顶级的智慧型投资者。就让我们跟随这位颇具传奇色彩的投资大师巴菲特的脚步，阔步走上黄金大道吧！

玛丽·巴菲特

你必须了解会计学，并且要懂得其微妙之处。它是企业与外界交流的语言，一种完美无瑕的语言。如果你愿意花时间去学习它——学习如何分析财务报表，你就能够独立地选择投资目标。

——沃伦·巴菲特

第1章

让巴菲特成为世界首富的两大发现

巴菲特年过花甲时，开始重新审视本杰明·格雷厄姆的投资策略。他深刻地阐述了什么样的企业具有投资价值，什么样的企业能够实现长期收益最大化。事实上，巴菲特在他的论述中摒弃了自己已经沿用数年的格雷厄姆式价值投资策略，并在这个过程中创造了迄今为止世界上最有价值的投资策略。

本书出版的目的就是为了探讨巴菲特的两大发现：

如何辨别具有持久竞争优势的优秀企业？

如何估算具有持久竞争优势的优秀企业的价值？

我们将详细解释这种独特的投资策略是如何发挥作用的，巴菲特是如何利用公司的财务报表去实施他的投资策略，并成为世界上最富有的人的。

第 2 章

让巴菲特成为超级富豪的企业类型

要理解巴菲特的第一个重大发现，我们先要了解华尔街的本质及其主要参与者。在过去200年间，尽管华尔街提供了大量的商业服务，但同时也提供了一个大型赌场——在这里，以投机者身份出现的赌徒在股票价格走势上押了大量的筹码。

早期，部分赌徒取得了巨大的财富和地位，他们成为金融报刊上人们关注的焦点。大“钻石”吉姆·布拉迪和伯纳德·巴鲁克是少数几个在这个领域以投资大师身份进入公众视野的代表。

现在，以共同基金、对冲基金和信托投资基金为代表的机构投资者取代了过去的个人投机者。机构投资者以其专业的选股能力向大众推销，并以丰厚的年收益率为诱饵，不断吸引那些渴望一夜暴富的短视群体。

一般情况下，股票投机者都属于“三心二意”之人，有好消息时就追涨买入，有坏消息时则匆匆抛售。如果一只股票在几个月内的价格毫无变化，他们就将其卖掉，并继续寻找其他股票。

新一代赌徒中的佼佼者发明了复杂的计算机程序，用以测算股票价格上涨或下跌的速度。如果一个公司的股票正加速上涨，计算机将执行买入命令；若股价开始加速下跌，计算机则执行卖出命令。这样一来，便会产生数以千计的股票大量买入和卖出的情况。

这些以计算机为工具的投资者第一天买入一只股票，第二天就在市场卖出的现象已经不足为奇。通过此类计算机系统，对冲基金经理为他们的客户创造了巨额利润。但这也有圈套：他们可能会因此导致他们的客户赔钱。当他们赔钱时，还剩下部分本金的客户将赎回他们的基金，然后去寻找新的基金经理为他们出谋划策。

华尔街随时都充斥着这些主流或非主流的选股师跌宕起伏的故事。

这种疯狂的投机性买进卖出行为一直持续了很长时间。史上最疯狂的买入发生在 1920 年，一度将股票价格推高到天价。但在 1929 年大崩盘来临时，股票价格又被直线打压至最低价。

20 世纪 30 年代早期，华尔街有一个很富有激情的年轻分析师——本杰明·格雷厄姆，他发现华尔街大多数自命不凡的基金经理在大量买进卖出股票时，根本不考虑公司的长期经济运行状况，他们关注的只是股票价格在短期内是上涨还是下跌。

格雷厄姆还发现，这些疯狂投机的主流股票投资者在追涨杀跌时，会将股票价格推到非常荒唐可笑的地步，与他们所购买股票背后的公司的实际长期基本经济状况完全背离。他也认识到，同样是这些投机者，有时又会将股票价格打压到非常低的价位，完全忽视这些公司良好的长期发展前景。这些严重被低估的股票让格雷厄姆看到了一个美妙的赚钱机会。

格雷厄姆的理由是，如果他在股价低于其长期内在价值时买入这些处于超卖状态的公司股票，终有一日，市场会承认它的错误低估，然后将它们的估价纠正过来。一旦价格向上调整后，他就可以卖出这些股票，并因此获利。这就是我们如今所熟知的价值投资的基本原理，格雷厄姆是价值投资的始祖。

尽管如此，我们必须明白一点，那就是格雷厄姆并不在意他所投资的公司属于什么行业。用他的话说，就是所有公司都有一个内在的均衡价格。当他在20世纪30年代后期开始实践价值投资时，他着重寻找那些交易价格比其公司库存现金的1/2都少的公司，美其名曰"用50美分买1美元"。此外，他还有其他投资原则，比如从不买股票价格超过其公司每股赢利10倍的股票，又如当一只股票的股价涨幅超过50%时就卖出。如果股票价格在两年内没有上涨，他也会坚决卖出。的确，他的眼光要比那些华尔街的投机者远一点儿，但事实上，如果这个公司在10年后才有表现的话，他将获得零收益。

20世纪50年代，当巴菲特在哥伦比亚大学读书时，他就追随格雷厄姆学习价值投资，恰值格雷厄姆退休之前，他进入格雷厄姆的华尔街公司开始了分析师生涯。在那里，巴菲特在著名的价值投资者沃尔特·施洛斯身边工作。通过阅读成千上万份公司财务报表，刚刚大学毕业的巴菲特练就了一双发现价值被低估的股票的慧眼。

格雷厄姆退休之后，巴菲特回到自己的家乡奥马哈。在那里，巴菲特可以远离华尔街的喧嚣嘈杂，潜心思考其导师的投资理论和方法。也就是在那时，他发现格雷厄姆投资法存在着一些问题。

首先，并不是所有“格雷厄姆式”的低估值公司都会实现价值重估上涨，某些公司甚至会以破产告终。不是所有投资都能“百发百中”，亏损的部分也可能超过所有的赢利。格雷厄姆试图通过分散化投资组合以规避这种不利局面，有时这些组合中含有100种以上的公司股票。此外，格雷厄姆还采用了一种策略，即坚决地处理掉两年内价格没有上涨的股票。但当最后期限来临时，大部分“低估股票”仍停留在被低估的状态。

巴菲特发现，他和格雷厄姆买入的股票按格雷厄姆的“50%收益法则”卖出后，其中很多股票在随后几年内还继续保持着上涨势头。他发现这些公司的股票价格攀升到远远高于格雷厄姆抛售时的价位。这正如他们买了一张开往“容易街”的列车票，但在列车到达该站之前就下车了，因为他不清楚它最终将驶向何方。

巴菲特决定对这些“超级明星股”的经济动力进行进一步探究，希望能在他导师的投资回报率水平上有所提高。于是，他开始研究这些公司的财务报表，探索这些公司具有如此美妙的长期投资价值的内在原因。

巴菲特了解到，所有“超级明星股”都得益于某种竞争优势，这些优势为它们带来类似垄断的经济地位，使其产品能要价更高或者增加销售量。在这一过程中，它们能比竞争对手赚取更多的利润。

巴菲特同样认识到，如果一个公司的竞争优势能在很长一段时间内持续不变——竞争优势具有持续稳定性，那么公司价值会一直保持增长。既然公司价值会保持增长，那么巴菲特理所当然会尽可能长久地持有这些投资，使其有更大的机会从这些公司的竞争优势中获取财富。

巴菲特还注意到，通过价值投资者或投机者，或者二者的综合参与，终有一天，华尔街会认识到这些股票价值被严重低估，并推动其股票价格反转上升。看起来，正是这些公司的持续竞争优势让它们的价值投资者成为名副其实的预言家。

此外，巴菲特还发现了另外一种更神奇的东西。由于这些公司具有难以置信的长期赢利优势，所以它们几乎不太可能濒临破产边缘。这意味着华尔街的投机者把这些股票的价格压得越低，巴菲特买进这些股票后亏损的风险就越小。越低的股价同时意味着越大的潜在上涨和获利空间。巴菲特在低位持有股票的时间越久，他能从这些价值低估公司获利的时间就越长。一旦股票市场最终承认了这些公司即将到来的美好前景，随之而来的就是巨额财富。

所有这些完全推翻了华尔街的一句格言：要获得更多的利润，你不得不加大你所能承受的风险。巴菲特发现了投资的“圣杯”，他找到了一种使风险最小化又能带来潜在收益增长的投资。

令事情更简单的是，巴菲特认识到他不再需要等待华尔街提供一个便宜的价格。如果他决定投资足够长的时间，他就可以为这些超级公司的股票支付一个公平合理的价格，并且一直持有。锦上添花的是，他发现如果进行长线投资，绝不卖掉这些股票的话，他还可以有效地将资本利得税推延至遥远的将来，只要一直持有，他的投资就能以复利的速度增长，并且免税。

让我们看一个例子：1973 年，巴菲特投资 0.11 亿美元于华盛顿邮报公司——一家具有持续竞争优势的报业，并且一直持有到现在。在长达 35 年的时间里，他一直持有这项投资，如今，这笔投资的价值涨到了天文数字 14 亿美元。投资 0.11 亿美元能获得 14 亿美元的收益！多么体面的投资回报率！而且最妙的是，巴菲特还没有为他的利润支付税费，因为至今为止他没卖出任何一股。

另外，如果格雷厄姆按照他的 50% 法则，就会在 1976 年以约 0.16 亿美元的价格卖出巴菲特的华盛顿邮报公司的股票，为此他还要支付占所有利润 39% 的资本利得税。更糟的是，那些华尔街的主流股票投资者在过去的 35 年间可能上千次持有这只股票，买入卖出，偶有 10% ~20% 的利润，并且每次卖出时都要支付税费。但是，巴菲特的投资回报率达到 12 460%，并且直到现在，巴菲特还未对其 14 亿美元收益支付任何税费。

巴菲特懂得，只要投资了一家具有持续竞争优势的公司，他最终就会成为一个坐拥亿万美元资产的超级富翁。

第3章

巴菲特的淘金之地

当我们开始寻找具有持久竞争优势，并可以让我们发财致富的公司时，如果知道从何处着手会大有益处。巴菲特最终得出的结论是，这些顶级公司不外乎三种基本的商业模式：要么是某种特别商品的卖方，要么是某种特别服务的卖方，要么是大众有持续需求的商品或者服务的卖方与低成本买方的统一体。

让我们分别对它们进行讨论。

提供某种特别的商品。诸如可口可乐、百事、箭牌、好时、百威、库斯、卡夫、华盛顿邮报、宝洁和菲利普·莫里斯一类的公司。通过客户需求和调研、客户经验管理和广告推动效应，生产商把他们的产品理念灌输到我们的大脑中。每当我们想要满足自己某方面的需求时，我们自然会联想到它们的产品。想要嚼口香糖？你会想到箭牌；在一个炎炎夏日的工作结束后，想要来一瓶冰镇啤酒？你会想到百威；喝可口可乐，万事如意……

巴菲特认为这些公司事实上在消费者心目中已经占有一席之地，此时公司没必要去改变自己的产品。你会发现这是一件好事情：公司可以一边索要更高的价格，一边卖出更多的商品。如此一来，公司的财务状况自然会越来越好，最终又将体现在财务报表上。

提供某种特别的服务。诸如穆迪公司、H&R 布洛克税务公司、美国快递公司、服务大师公司、富国银行之类的公司。与律师和医生行业类似，这些公司为大众提供生活所需并且消费者愿意为此埋单。不同的地方在于，这些公司是以整个机构树立服务品牌，而不是以单个的服务人员为主。当缴纳税费时，你会想到 H&R 布洛克税务公司，而不是处理该项业务的该公司里的某人。当巴菲特买入所罗门兄弟公司——一家投资银行（现隶属于花旗银行）的股票时，他认为他买入的是一个机构。后来，他又卖了这只股票。原因是，当公司的顶尖人才带着他的高端客户跳槽时，巴菲特意识到这是一个以人员为主导的公司。在此种类型的公司里，员工可以要求得到公司大部分的利润，而公司股东只能获得很少一部分。这样一来，投资者当然不会变得富有。

提供特别服务的公司的赢利模式简单易懂。它无须花费大量资金来重新设计产品，也无须建造生产厂房和存储仓库。只要获得良好的口碑，提供特别服务的公司就可以比销售一般产品的公司获得更多的利润。

大众有持续需求的商品或服务的卖方与低成本买方的统一体。比如沃尔玛、好市多超市、内布拉斯加家居超市、波仙珠宝店和伯灵顿北方圣太菲铁路运输公司等。在这里，大宗交易可以创造丰厚的利润，薄利多销所增加的收益远远高于单价折扣所承受的损失。关键的一点在于，它既是低成本卖家，也是低成本买家。正因如此，你的利润空间可以高于竞争对手，同时也可以为消费者提供价格低廉的产品或服务。哪里有廉价商品，消费者就会蜂拥而至。在奥马哈，如果你想为家里买一个新的烤箱，内布拉斯加家居超市可以为你提供各种品牌的产品，而且价格低廉。想运输货物出港吗？伯灵顿北方圣太菲铁路运输公司的运费最便宜。生活在小镇的你想买到物美价廉的生活用品吗？那就去沃尔玛吧！

事情就这么简单：要么选择某种特别商品的卖方，要么选择某种特别服务的卖方，要么选择大众有持续需求的商品或服务的卖方与低成本买方的统一体，年复一年，你定会收获累累硕果。

第4章

“持续”是巴菲特打开金库的钥匙

巴菲特十分清楚，竞争优势的“持续”创造了一切财富。在过去的122年里，可口可乐公司一直销售着同一种产品，并且很可能在未来的122年里还会继续销售这种产品。

产品的一致性为公司创造了稳定的利润。如果公司无须频繁更换产品，它就不必在研发方面花费几百万美元的资金，也不必投入几十亿美元的资本去更新厂房设备。如此一来，金库里的钱就会累积成山了。同时，公司不必承担繁重的债务，也不必支付高额的利息，最终可以节约一大笔钱，用以拓展公司业务或者回购公司股票。要知道，回购股票可以提高每股收益和公司股票的价格，使股东更加富有。

因此，当巴菲特查看一家公司的财务报表时，他总是在试图寻找这种“持续”。这个公司是否保持着较高的毛利率？是否一直承担较少的债务，甚至没有债务？是否从来无须在研发方面耗费大量资金？

其赢利是否保持稳定，或者持续稳定地增长？财务报表所表现出的持续可以让巴菲特了解这个公司竞争优势的“持续”。

判断一家公司是否具有持续竞争优势，去看看该公司的财务报表吧。这就是巴菲特的做法。

第5章

财务报表概述

巴菲特通过财务报表，挖掘具有持久竞争力的优质企业。企业的财务报表可以反映出这是一个会让你一贫如洗的平庸企业，还是一个拥有持续竞争优势、让你腰缠万贯的企业。

财务报表分为三类：

第一，损益表。损益表反映企业在一定会计期间内的经营成果。一般来说，在每个会计期间，企业的会计人员会为股东编制季度和年度损益表。通过阅读和分析损益表，巴菲特能对企业的财务信息进行判断，例如利润率、股权收益、利润的稳定性和发展趋势（这一点尤其重要）。在判断一个企业是否得益于持续竞争优势时，所有这些因素都是必不可少的。

第二，资产负债表。资产负债表反映企业的资产和负债情况。从资产中扣除负债，我们就能算出这个企业的净资产。企业可以编制一年中任何一天的资产负债表，它能反映出企业在特定日期所持有的资产和承担的负债，以及这天的净资产。

通常情况下，企业为股东编制每个季度和每个会计年度的资产负债表。通过分析资产负债表中的各个项目，例如现金资产和长期债务，巴菲特可以判断该企业是否具有持续竞争优势。

第三，现金流量表。现金流量表反映企业的现金流入和流出情况，有利于我们了解企业在改善资本结构方面所花费的资金。它同样能反映出债券和股票的销售情况，以及股票回购情况。企业通常会将现金流量表同其他财务报表一起公布。

至此，我们已经详细探讨了损益表、资产负债表和现金流量表的科目和指标，巴菲特正是通过分析它们，来判断一个企业是否具有持续竞争优势。历经时日，企业的持续竞争优势总能给他带来丰厚的收益。

第6章
巴菲特在哪里发现财务信息

如今，互联网十分普及，你不费吹灰之力就可以在很多地方找到一家公司的财务报表。其中最便捷的途径就是通过 MSN. com 网站（http://money central. msn. com/investor/home. asp）或者雅虎财经网站（www. finance. yahoo. com）。

我们就是通过这两个网站获取公司财务信息的，相对而言，MSN. com 里的内容更加详细。首先，你要找到“搜索”的位置，然后输入公司名称并点击“搜索”。这时会弹出一个网页，它将把你带到那家公司的股票报价页面。在网页的左侧，你会发现一个叫作“财务”的标题，下面有三个超链接，分别向你展示这家公司的资产负债表、损益表和现金流量表。在“SEC”的标题下，有一个超链接，你可以看到美国证券交易委员会所提供的各种文件。所有上市公司每个季度都必须将财务报表上报给美国证券交易委员会，这些被称为8Q；

归档报表中还有一个叫10K的文件，它是公司的年度报告，包括公司会计年度的财务报表。数年来，巴菲特已经翻阅了成千上万份10K文件，因为这些数字能最准确地反映出公司的财务信息。

Bloomberg. com网站也可以为投资者提供相同或更多的服务，但需要缴纳一定的费用。说实话，除非是买卖债券或货币，当我们要建立一个股票投资组合时，MSN. com网站和雅虎财经网站就能为我们免费提供所有需要的财务信息。这些“免费”的财务信息，总会使我们满意。

第一部分

损 益 表

你必须阅读无数家公司的年度报告和财务报表。

——沃伦·巴菲特

有些人喜欢看《花花公子》，而我喜欢看公司年报。

——沃伦·巴菲特

专家导读

巴菲特在分析公司持久竞争优势时，总是先从公司的损益表开始着手，他通过分析企业的损益表，能够看出这个企业是否能够创造利润，是否具有持久竞争力。

巴菲特分析损益表主要关注以下 8 个指标：

1. 毛利率。巴菲特认为，只有具备某种可持续竞争优势的公司才能在长期运营中一直保持赢利，尤其是毛利率在 40% 及以上的公司，我们应该查找公司在过去 10 年的年毛利率，以确保它是否具有“持续性”。

2. 销售费用及一般管理费用占销售收入的比例。销售费用及一般管理费用越少越好，其占销售毛利的比例保持在 30% 以下最好。

3. 研发开支。巴菲特总是回避那些必须经常花费巨额研发开支的公司，尤其是高科技公司。巨额研发一旦失败，其长期经营前景将受到很大影响，这意味着公司业务在未来有可能并不稳定，持续性不强。

4. 折旧费用。巴菲特发现，那些具有持续竞争优势的公司相对于那些陷入过度竞争困境的公司而言，其折旧费占毛利润的比例较低。

5. 利息费用。具有持续竞争优势的公司几乎不需要支付利息，甚至没有任何利息支出。在消费品类领域，巴菲特所钟爱的那些具有持续竞争优势的公司，其利息支出均小于其营业利润的 15%。

6. 税前利润。指将所有费用开支扣除之后但在所得税被扣减之前的利润。巴菲特经常谈到税前条件下的公司利润，这使得他能在同等条件下将一家公司的投资与另一项投资进行比较，税前利润也是他计算投资回报率常用的一个指标。

7. 净利润。净利润是否能保持长期增长态势，净利润占总收入的比例是否明显高于它们的竞争对手，净利润是否一直保持在总收入的 20% 以上。

8. 每股收益。连续 10 年的每股收益数据就足以让我们明确判断出公司是否具有长期竞争优势。巴菲特所寻找的是那些每股收益连续 10 年或者 10 年以上都表现出上涨态势的公司。

第7章

巴菲特从损益表开始看财报

损益表 （单位：百万美元）

项目	金额
总收入	10 000
销售成本	3 000
毛利润	7 000
营业费用	
销售费用及一般管理费用	2 100
研发费	1 000
折旧费	700
营业利润	3 200
利息	200
出售资产收益	1 275
其他	225
税前利润	1 500
应缴所得税	525
净利润	975

巴菲特在分析公司是否具有持续竞争优势时，总是先从公司的损益表着手，因为损益表可以让投资者了解该企业在一段时期内的经营状况。一般企业会在每个季度末或者年末披露这些信息。每张损益表上总是会标出会计期间，例如，从2007年1月1日到2007年12月31日。

损益表包括三个基本要素：企业的营业收入，需要从收入中扣除的支出，损益情况——我们可以看到该企业到底是赢利还是亏损。很简单，是吧？的确如此。

在早期的股票分析中，那些顶级分析大师，例如巴菲特的导师本杰明·格雷厄姆，只是单纯地关注一个企业是否创造利润，而很少甚至根本没有分析这个企业的长期升值能力。如前所述，格雷厄姆不在乎这个企业是否具有强劲的经济动力、是否是一家出类拔萃的优质企业，或者是否拥有成千上万普通企业梦寐以求的发展态势。如果格雷厄姆认为某只股票的价格足够便宜，即使这家公司业绩平平，他也可能会买入它。据巴菲特观察，世界上的企业可分为两类。一类是相对其竞争对手而言拥有持久竞争优势的企业。如果投资者以一个合理的价格购买这类企业的股票并长期持有，他将会腰缠万贯。另一类企业是那些在竞争市场上苦苦奋斗了若干年，但仍旧碌碌无为的普通企业。做长线的投资者若持有这类企业的股票，他们的财富将会日益萎缩。

在研究那些颇具魅力的优质企业时，巴菲特发现，通过分析企业的损益表能够看出这个企业是否能够创造利润，是否具有持续竞争力。企业能否赢利仅仅是一方面，还应该分析该企业获得利润的方式，它是否需要靠大量研发以保持竞争力，是否需要通过财务杠杆以获取利润。通过从损益表中挖掘的这些信息，可以判断这个企业的经济增长原动力。对于巴菲特来说，利润的来源比利润本身更有意义。

在接下来的章节中，我们将继续讨论企业财务报表中的各种构成因素以及巴菲特的研究成果。他的研究将告诉我们，什么样的企业会使我们贫穷，什么样的企业是拥有持续竞争力的优质企业——它们能给我们带来财运，让我们成为世上最富有的人。

第8章 总收入——资金来源的渠道

损益表　　（单位：百万美元）

→ 总收入	10 000
销售成本	3 000
毛利润	7 000

损益表的第一行通常是总收入，是指会计期间所流入的总资金。会计期间一般为一个季度或者一年。如果一家制鞋厂商的年销售额为1.2亿美元，那么该企业在年度报告的损益表中所表现出的总收入为1.2亿美元。

事实上，即使一个公司有很高的销售收入，也并不意味着赚取了利润。判断一个公司是否赢利，你应当从总收入中扣除成本费用。总收入减去销售成本等于毛利润。总收入这个数字本身并不能说明什么，除非我们把成本费用从总收入中扣除，才能得到有价值的财务信息——毛利润。

当巴菲特浏览了一家企业的总收入之后，他就会花大量时间研究各种成本费用。因为巴菲特知道，发财致富的秘诀之一，就是减少开支。

第9章

对于巴菲特来说销售成本越少越好

损益表 （单位：百万美元）

项目	金额
总收入	10 000
→ 销售成本	3 000
毛利润	7 000

在损益表中，总收入的下面一行就是销售成本，也被称为收入成本。销售成本可以是一个公司销售产品的进货成本，也可以是制造此产品的材料成本和劳动力成本。如果一个公司提供的是服务而不是产品，我们通常用“收入成本”这个词来代替“销售成本”，它们在本质上并无差异，只是前者比后者在理解上可能稍微晦涩一点儿。我们应该准确调查出这个公司在计算销售成本或者收入成本时所包含的内容，据此，我们就能清楚地了解管理层是如何进行企业管理的。

举个简单的例子吧。一个家具公司是怎样计算其销售成本的呢?从公司年初的家具存货成本入手，将年初的存货成本加上这一年中所增加的存货成本，再减去剩余家具存货在年底的现值。因此，如果一个公司年初有 1 000 万美元的存货，在这一年中总共购买了 200 万美元的存货，在年末，若剩余存货价值为 700 万美元，那么公司在该财务年度的销售成本就是 500 万美元。

尽管销售成本本身并不能告诉我们公司是否具有持续竞争优势，但它却可以告诉我们公司的毛利润大小。毛利润指标相当关键，因为它能够帮助巴菲特判断公司是否具有持续竞争优势。我们将在下一章详细讨论这一点。

第 10 章

毛利润/毛利率：巴菲特寻求长期赢利的关键指标

损益表　（单位：百万美元）

→ 总收入	10 000
销售成本	3 000
→ 毛利润	7 000

毛利润 7 000/总收入 10 000 = 毛利率 70%

现在，如果我们从公司年度报告的总收入中减去销售成本，就可以得到公司所报告的毛利润。例如：1 000 万美元的总收入减去 700 万美元的销售成本，毛利润为 300 万美元。

毛利润是指总收入减去产品所消耗的原材料成本和制造产品所耗费的劳动力成本。它不包括销售和管理费用、折旧费用、企业运营的利息成本。

就其自身而言，毛利润能提供给我们的信息很少，但是我们能通过这个数据计算公司的毛利率，而毛利率能给我们提供很多关于公司经济运营状况的信息。

计算毛利率的公式为：

毛利润/总收入＝毛利率

巴菲特的观点是：只有具备持续竞争优势的公司，才能在长期运营中一直保持赢利。他发现，比起缺乏长期竞争力的公司，那些拥有良好的长期经济原动力和竞争优势的公司往往具有持续较高的毛利率，让我们来看看下面的数据。

巴菲特认为，具有持续竞争优势且保持较高毛利率的企业包括：可口可乐公司一直保持60%或者更高的毛利率，债券评级公司穆迪的毛利率是73%，伯灵顿北方圣太菲铁路运输公司的毛利率为61%，箭牌公司的毛利率为51%。

相对于我们所熟知的这些优质企业，那些长期经济运行情况不太良好的公司，其毛利率就相形见绌了。例如：濒临破产的美国航空公司，它的毛利率仅为14%；陷入困境的汽车制造商——通用汽车制造公司，其毛利率只有21%；曾经陷入困境，但现在已经扭亏为盈的美国钢铁公司，其毛利率为17%；一年四季都在运营的固特异轮胎公司，在经济状况不太良好时，毛利率也只有20%。

在技术领域，巴菲特因为不熟悉这一行业而未提及。微软一直保持着79%的高毛利率，而苹果公司的毛利率只有33%。两者对比可反映出，销售操作系统和软件的微软公司比销售硬件及提供相关服务的苹果公司的经营状况更加出色。

公司的持续竞争优势能够创造高毛利率，因为这种竞争优势可以让企业对其产品或服务进行自由定价，让售价远远高于产品成本。倘若缺乏持续竞争优势，公司只能通过降低产品及服务价格来保持竞争力。如此一来，公司的毛利率以及赢利能力理所当然会下降。

通用规则（当然也有例外）：毛利率在40%及以上的公司，一般都具有某种持续竞争优势；而毛利率低于40%的公司，则一般都处于高度竞争的行业，因为竞争会削减行业总利润率。如果一个行业的毛利率低于20%（含20%），这个行业显然存在着过度竞争。在此类行业中，没有一家公司能在同行竞争中创造出持续竞争优势。处在过度竞争行业的公司，由于缺乏持续竞争优势，无法为投资者带来财富。

毛利率指标检验并非万无一失，它只是一个早期检验指标，一些陷入困境的公司也可能具备持续竞争优势。因此，巴菲特特别强调“持续性”这个词，出于稳妥考虑，我们应该查找公司在过去10年的年毛利率，以确保其具有“持续性”。巴菲特知道在寻找有竞争优势的公司时，必须注意持续性这一前提。

毛利率较高的公司也有可能会误入歧途，并且丧失其长期竞争优势：一是过高的研究费用，二是过高的销售和管理费用，三是过高的债务利息支出。这三种费用中的任何一种如果过高，都有可能削弱企业的长期经济原动力。这些被称为营业费用，它们是所有公司的“眼中钉”。

第 11 章

营业费用：巴菲特的关注点

损益表 （单位：百万美元）

项目	金额
总收入	10 000
销售成本	3 000
毛利润	7 000
→营业费用	
销售费用及一般管理费用	2 100
研发费	1 000
折旧费	700
营业利润	3 200

在损益表中，毛利润一行正下方的一组费用被称为营业费用。营业费用是公司的刚性支出，包括新产品研发费用、将产品推出市场的销售费用及相关管理费用、折旧费和分期摊销费、重置成

本和减值损失，以及其他费用，比如非经营性支出和非经常性支出等。

所有这些费用科目加起来构成营业费用，将其从公司毛利润中扣除，我们就能得到公司的营业利润（或亏损）。这些科目都会影响公司的长期经营业绩，因此，我们将在之后几个章节中以巴菲特的风格向大家逐一介绍。

第 12 章

销售费用及一般管理费用

损益表 （单位：百万美元）

项目	金额
总收益	10 000
销售成本	3 000
毛利润	7 000
营业费用	
→ 销售费用及一般管理费用	2 100
研发费	1 000
折旧费	700
营业利润	3 200

在损益表中的“销售费用及一般管理费用”一栏，披露的是公司在该会计期间发生的所有各项直接或间接的销售费用成本及一般管理费用成本，包括管理人员薪金、广告费用、差旅费、诉讼

费、佣金和应付薪酬等。

像可口可乐这样的公司，此类花费可能达数十亿美元，它们对公司的固定成本有着重大影响。对不同的公司而言，这些费用占毛利润的比例千差万别，甚至在具有持续竞争优势的公司之间，比例也不尽相同。例如，可口可乐公司的销售费用及一般管理费用占毛利润的比例保持在59%，穆迪公司的比例每年约为25%，而宝洁公司则一直保持在61%左右。请注意，我们这里讲的是“持续水平”。

那些处在高度竞争行业从而缺乏持续竞争优势的公司，销售费用及一般管理费用占毛利润的比例也显示出巨大的不同。通用公司在过去5年中，此项费用占毛利润的比例为28%～83%。福特公司在过去5年中，此项费用占当期毛利润的比例竟然为89%～780%，这意味着这些公司像疯子一样花钱。另外，福特公司的销售业绩不佳，收入呈下降趋势，但该公司的此项费用却一直居高不下。如果公司不尽快减少在该项上的花费，那么，它们将吞噬更多的毛利润。

在寻找具有持续竞争优势的公司过程中，公司的销售费用及一般管理费用越少越好。如果它们能一直保持较低的水平，当然最好。从目前的情况看，倘若一家公司能将此项费用的比例保持在30%以下，就足以令人欣喜。然而，不少具有持续竞争优势的公司，此项费用比例仍为30%～80%。另外，如果我们发现一个公司在这方面的花费占毛利润的比例接近甚至超过100%，那很可能是在跟一个处于高度竞争行业的公司打交道。要知道，在这类行业里，没有任何公司具有持续竞争优势。

此外，虽然有些公司维持着低水平或者中等水平比例的销售费用及一般管理费用，但它们却因高额的研究开发费用、资本开支或者过高的贷款利息支出，而破坏了其良好的长期经营发展前景。

英特尔公司就是这样的一个例子，该公司在销售费用及一般管理费用上的开支占毛利润的比例较低，但因为过高的研发费用，其长期经营业绩被削减到仅为平均水平。即使英特尔公司停止研发，它目前的这批产品也绝对可以在 10 年内保持不落伍，但其后可能不得不退出市场。

固特异轮胎公司的销售费用及一般管理费用的比例为 72%，而且其高昂的资本开支，以及为这些资本开支融资而产生的贷款利息支出，在经济衰退时期每次都将这个轮胎制造商拖入赤字困境。但如果该公司不增加贷款以维持高额的资本开支或技术改进，它将不能一直保持其核心竞争力。

巴菲特认识到，一定要远离这些总是受困于高额销售费用及一般管理费用的公司。他也知道，即使是此项费用保持较低水平的公司，它的长期经营前景也可能被其高昂的研发费用、高资本开支和大量债务所破坏。无论股票价格如何，他都对这类公司敬而远之，因为他知道，它们的内在长期经济实力如此脆弱，即使股价较低，也不能使投资者摆脱终生平庸的命运。

第 13 章

研发费：为什么巴菲特要敬而远之

损益表　　（单位：百万美元）

项目	金额
总收入	10 000
销售成本	3 000
→ 毛利润	7 000
营业费用	
销售费用及一般管理费用	2 100
→ 研发费	1 000
折旧费	700
营业利润	3 200

在寻找具有持续竞争优势企业的“游戏”过程中，这是很重要的一部分内容。长期竞争优势，常常是通过专利权或者技术上的领先地位赋予公司在同行业中的相对优势。如果公司的竞争优势

是专利权带来的，例如那些制药类公司，到了一定时间专利权会过期，公司的竞争优势也由此消失。

如果公司的竞争优势是某种技术革新的结果，那么也经常会面临技术革新将其取而代之的威胁。这就是为什么微软公司如此害怕谷歌公司技术进步的原因。今天的竞争优势很可能在明天就变为过时的技术。

这些公司不仅要在研发上花费巨额资金，而且由于必须不断地进行产品创新，所以它们也必须不断地重新设计和升级其产品销售计划，而这意味着它们不得不同时在销售和管理费用上耗费巨资。考虑一下：默克公司必须花费毛利润的 29% 在研发上，花费毛利润的 49% 在销售费用及一般管理费用上，这两者加起来将吞噬其毛利润的 78%。更糟的是，如果默克公司放弃发明数十亿美元的畅销新药物，当它的专利权过期时，其竞争优势也将随之消失。

英特尔公司尽管是快节奏技术创新领域中的佼佼者，也必须将约 30% 的毛利润用在研发方面。如果不这么做，过不了几年，它就将失去竞争优势。

穆迪公司是一家债券评级公司，是巴菲特长期投资的最爱，这有很好的理由。穆迪公司没有研究开发费用，而且平均只花费 25% 的毛利润在销售费用及一般管理费用上。可口可乐公司也没有研发费，虽然它必须疯狂地进行广告投入，但销售费用及一般管理费用比例仍然只有约 59%。持有穆迪公司和可口可乐公司的股票，巴菲特不会因为担心某项药物专利过期，或者他持有股票的公司在下一轮技术突破竞争中失手而夜不能寐。

这是巴菲特的一个原则：那些必须花费巨额研发开支的公司都有竞争优势方面的缺陷，这将使它们的长期经营前景被置于风险中，并不太保险。

如果不是一项比较保险的投资，巴菲特是不会对其产生兴趣的。

第 14 章

折旧费：巴菲特不能忽视的成本

损益表 （单位：百万美元）

项目	金额
总收入	10 000
销售成本	3 000
→ 毛利润	7 000
营业费用	
销售费用及一般管理费用	2 100
研发费	1 000
→ 折旧费	700
营业利润	3 200

所有的机械设备和房屋建筑物最终都将因损耗而报废，这种损耗在损益表上反映为折旧费。通常而言，一项资产在给定年度的折旧数额是对当期收益的一种成本分配。这样说更确切：每年的资产折旧费，就是该资产被用在当期生产经营活动中，并产生收益的

那部分资产额。

举个实例：假设XYZ印刷公司买入了一台价值100万美元的印刷机。这台印刷机的使用年限为10年。因为该印刷机的使用年限为10年，美国国家税务局不允许公司将这100万美元的总开支一次性全部计入购买该设备的当期成本，而是将购买成本在其使用的10年间分别列入各年的折旧费。10年的使用年限和初始的100万美元的总开支，意味着XYZ公司将在未来10年内，在这台印刷机上每年计提10万美元的折旧费。折旧费是公司运营的一项真实成本，因为这台印刷机终有一日会报废。

买入这台印刷机时，反映在资产负债表上是100万美元的现金流出和100万美元的工厂和设备（固定资产）的增加。在未来10年间，每年必须计提10万美元的折旧费，并作为一项当期成本反映在损益表中。公司每年将从资产负债表上的工厂和设备资产账户减去10万美元，同时增加10万美元到累计折旧账户。购买这台印刷机实际发生的100万美元的现金流出，将反映在现金流量表的资本性开支项目中。我们想再强调一次：购买这台印刷机的100万美元开支将作为折旧费在未来10年里逐年摊销（每年折旧费为10万美元），而不是在购买当年全部计入购买成本。

华尔街那些金融家们想出了一个狡猾的伎俩：这台印刷机一旦购买并完成支付，今后每年10万美元的折旧费并不会发生任何现金流出，但在未来10年间，它可以减少公司每年向美国国家税务局上报的利润总额。这意味着从短期来看，XYZ公司虽然有一项成本费用，但事实上，它却不发生任何现金流出。因此，那些华尔街的金融家们就可以将 10 万美元的折旧费还回到利润中，这就意味着，该公司的现金流现在可以偿还更多的负债，从而为杠杆式收购提供融资。华尔街的金融家们重新设计出了一个利润指标，简称息税折旧摊销前利润，指在扣除所得税、折旧费和摊销费之前的利润。

巴菲特指出，那些聪明的金融家们在使用息税折旧摊销前利润指标的同时，却忽视了一个问题——这台印刷机最终将报废，公司不得不再花 100 万美元去购买一台新的印刷机。但公司如今却背负着因杠杆式收购而产生的巨额债务，很可能没有能力去购买一台价值 100 万美元的新印刷机了。

巴菲特坚信，折旧费是一项真实的开支，因此不管以何种方式计算利润，必须将折旧费包括进来。倘若背道而驰，我们就会自欺欺人地认为，公司在短期内的利润要比实际利润好得多。一个自欺欺人的人一般是不会发财致富的。

巴菲特发现，那些具有持续竞争优势的公司相对于那些陷入过度竞争困境的公司而言，其折旧费占毛利润的比例较低。举个例子，可口可乐公司的折旧费用一直保持在毛利润的 6% 左右，箭牌公司同样具有持续竞争优势，其折旧费也大约占毛利润的 7% 左右，巴菲特长期钟爱的投资对象宝洁公司，其折旧费也只占毛利润的 8%。与之形成鲜明对比的是通用汽车，该公司属于高度竞争的资本密集型行业，其折旧费占到毛利润总额的 22% ~57%。

对那些吞噬公司毛利润的各种费用，巴菲特认为它们越少，就意味着越高的保底线。

第 15 章

利息支出不宜占比过高

损益表 （单位：百万美元）

总收入	10 000
销售成本	3 000
→ 毛利润	7 000
营业费用	
销售费用及一般管理费用	2 100
研发费	1 000
折旧费	700
营业利润	3 200
→ 利息支出	200

利息支出反映的是公司在该季度或该年度为债务所支付的利息。尽管有些公司赚取的利息可能比其支付的利息要多，如银行，

但对于大多数制造商和零售企业而言，利息支出远远大于其利息所得。

利息支出被称为财务成本，而不是运营成本。它之所以被单独列出，是因为它与公司的生产和销售过程没有任何直接联系。利息是公司财务报表中总负债的反映，公司负债越多，其必须支付的利息就越多。

如果利息支出占营业利润的比重较高，公司很可能是属于以下两种类型之一：其一是处于激烈竞争行业的公司，因为在这类领域要保持竞争力，就必须承担高额的资本开支；其二是具有良好的经济发展前景，但在杠杆式收购中承担了大量债务的公司。

巴菲特指出，那些具有持续竞争优势的公司几乎不需要支付利息，甚至没有任何利息支出。具有长期竞争优势的宝洁公司只需花费营业利润的 8% 用于利息支出；箭牌公司平均只需将 7% 的营业利润用于支付利息；相比之下，固特异公司属于过度竞争和资本密集型的轮胎制造业，它平均每年不得不将其营业利润的 49% 用于支付债务利息。

甚至在高度竞争的行业，如航空业，利息支出比例也可以被用来判断公司是否具有竞争优势。一直保持赢利的西南航空公司仅花费营业利润的 9% 用于支付利息，而它的竞争对手联合航空，一家濒临破产的公司，其利息支出占到了营业利润的 61% 。西南航空公司另一个陷入困境的竞争对手美国航空公司，其利息费用比例竟高达 92% 。

这是一条规律：在消费品领域，巴菲特所钟爱的那些具有持续竞争优势的公司，其利息支出均小于营业利润的15%。但是，我们要清楚，利息支出占营业利润的比重在不同领域之间相差甚远。举个例子：富国银行（巴菲特持有该银行14%的股份）将其营业利润的大概30%用于支付利息，相比于可口可乐公司，这一比率看起来过高，但事实上，在美国排名前5的银行中，富国银行的这一比率是最低的，也是最吸引人的。此外，富国银行是唯一一家被标准普尔公司评为AAA级的银行。

利息支出与营业利润的比率也可以真实地反映一家公司的经济危机水平。拿投资银行业来说，该行业内的公司平均需花费70%的营业利润用于支付利息。如果细致观察，我们不难发现，2006年，贝尔斯登银行的资产负债表上所列出的利息支出占其营业利润的70%，但截至2007年最后一个季度，其利息支出占营业利润的比例已经高达230%，这意味着它将不得不动用公司所有者的权益去补足这个差额。对高度杠杆化运作的贝尔斯登来说，这无疑是一场大灾难。到了2008年3月，这个曾经十分强大、股价在一年前还高达每股170美元的贝尔斯登银行，最终被J·P·摩根以每股10美元的价格收购。

这是一条极其简单的规律：在任何行业领域，那些利息支出占营业利润比例最低的公司，往往是最具有竞争优势的。用巴菲特的话来讲，投资于那些具有持续竞争优势的公司，是确保我们能够获取长期财富的唯一途径。

第 16 章

出售资产收益（损失）及其他

损益表　　（单位：百万美元）

项目	金额
营业费用	
销售费用及一般管理费用	2 100
研发费	1 000
折旧费	700
营业利润	3 200
利息支出	200
→ 出售资产收益（损失）	1 275
→ 其他	225

一个公司出售一项资产（存货除外）所产生的赢利或亏损，将反映在出售资产收益（损失）账户上。这项收益是指出售资产产生的收益与该项资产的账面价值之差。如果公司有一栋价值 100

万美元的厂房，在计提一定时间的折旧费后，账面价值降为 50 万美元，现在以 80 万美元售出，公司将记录这项资产出售产生的 30 万美元收益。与之类似，如果该厂房以 40 万美元的价格出售，公司将记录 10 万美元的出售资产损失。

此原理同样适用于“其他”这个账户。该账户将非运营的、偶然的、非经常性的收入和支出一并汇总记录，并反映在损益表上。这些业务包括固定资产（如财产、工厂和设备）的出售，还包括公司正常经营业务范围之外的许可协议和专利权出售等。

有时候，这些偶然性事件会被突然加到公司损益表的最后几行，因为它们都是偶然性事件。巴菲特认为，无论用哪种利润指标来确定公司是否具有持续竞争优势，这些偶然性事件的影响都应该被排除在外。

第 17 章

税前利润：巴菲特惯用的指标

损益表　　（单位：百万美元）

营业费用	
销售费用及一般管理费用	2 100
研发费	1 000
折旧费	700
营业利润	3 200
利息支出	200
出售资产收益（损失）	1 275
其他	225
→ 税前利润	1 500

税前利润是指将所有费用开支扣除之后，在所得税被扣减之前的利润。巴菲特在决定是否要购买一家公司或在公开市场买入一家公司的部分股票时，税前利润是他计算投资回报率常用的一个

指标。

将免税的投资排除在外，所有的投资回报率都是以税前收入为基准的。并且，因为所有的投资都在相互竞争，所以如果能在相同的前提条件下衡量它们，事情就会变得更加简单容易。

巴菲特当年买入价值 1.39 亿美元的华盛顿公共电力供应系统的免税债券（该债券每年支付给他 2 270 万美元的免税利息），其理由是免税的 2 200 万美元收益相当于税前的 4 500 万美元收益。如果他购买一家每年赚取 4 500 万美元税前利润的公司，估计他需要花费 2.5 亿~3 亿美元。因此，他把投资于华盛顿公共电力供应系统的债券，以 50% 的折扣买入了一家具有同样经济发展前景的公司。

巴菲特经常谈到税前条件下的公司利润，这使他能在同等条件下将一家公司的投资与另一项投资进行比较。同时，这也是巴菲特价值投资理论的基石：持有一家具有持续竞争优势的公司，实际上是投资于一种息票利率逐渐增长的“权益债券”。我们将在本书结尾部分对他的“权益债券”理论进行更深入详尽的探讨。

第 18 章

应缴所得税：巴菲特怎么知道谁在说真话

损益表 （单位：百万美元）

营业费用	
销售费用及一般管理费用	2 100
研发费	1 000
折旧费	700
营业利润	3 200
利息支出	200
出售资产收益（损失）	1 275
其他	225
税前利润	1 500
→ 应缴所得税	525

与其他任何纳税人一样，美国公司必须为它们的收益缴纳所得税。现在在美国，公司需缴纳的所得税金额大概为其税前所

得的35%。当税金被支付以后，它们将反映在损益表中的“应缴所得税”一栏。

有趣的是，应缴所得税项目反映了公司的真实税前利润。有时候，一些公司喜欢夸大其词，对外宣称它们赚了很多钱，但事实上并非如此。这让人感到震惊，不是吗？有一种途径能够判断出它们所说的是真话还是假话，那就是去查看该公司提交给美国证券管理委员会的报表，然后查出它们的所得税支付情况，将其报告的税前营业利润数额从中扣除35%，如果余额与公司对外报告的税后利润不符合，我们最好做进一步了解。

多年来，巴菲特发现那些千方百计歪曲事实以欺骗美国国家税务局的公司，同样会绞尽脑汁地想出各种方法欺骗它们的股东。真正具有长期竞争优势的优质公司，其利润本来就很不错，完全没有必要靠耍花招来误导他人。

第 19 章

净利润：巴菲特的追求

损益表 （单位：百万美元）

项目	金额
营业费用	
销售费用及一般管理费用	2 100
研发费	1 000
折旧费	700
营业利润	3 200
利息支出	200
出售资产收益（损失）	1 275
其他	225
税前利润	1 500
应缴所得税	525
→ 净利润	975

当公司从收入中扣除所有费用开支和税款之后，我们就能得到公司的净利润。这个指标可以让我们知道公司在缴纳所得税

后最终赚了多少钱。当巴菲特通过该指标来帮他判断一个公司是否具有持续竞争优势时，他运用了几个概念，我们就从那些概念开始吧。

巴菲特首先关心公司净利润是否具有上升趋势。仅仅一年的净利润数据对巴菲特来讲毫无价值，他感兴趣的是，公司利润是否展现美好前景，是否保持长期增长态势，若是两者兼备，则等同于具有持续竞争优势。巴菲特并不要求公司一帆风顺，但他希望整个趋势是保持向上的。

需要说明的是，公司有可能因为股票回购计划而导致净利润的历史走势不同于每股收益。股票回购方案将减少流通股数量，从而增加每股收益。如果一个公司的流通股数量减少了，也就是说，计算每股赢利的公式中分母变小了，每股收益反而会增多，但事实上净利润并没有增加。有些极端的例子是，某些公司的净利润本来正面临衰减，但通过股票回购计划，有可能使每股收益不减反增。

尽管大多数金融分析师都关注公司的每股收益，但巴菲特却关注公司净利润的真正走势。

巴菲特发现，那些具有持续竞争优势的公司，其报告净利润占总收入的比例会明显高于它们的竞争对手。巴菲特曾经说过，倘若要在一家收入为 100 亿美元、净利润为 20 亿美元的公司和一家收入为 1 000亿美元，但净利润仅为 50 亿美元的公司之间进行选择，他将选择拥有前者。因为这家公司所赚取的净利润占其总收入的 20%，而另一家公司只有 5%。

所以，单独的总收入数据基本不能反映出公司的经营业绩状况，但它与净利润的比率，却能告诉我们很多关于公司与其他公司对比的业绩状况方面的信息。

像可口可乐这样的优质公司能净赚总收入的 21%，举世瞩目的穆迪公司能净赚总收入的 31%，这些数据正好反映出这两家公司的经营优势。相比而言，西南航空公司只能净赚总收入中微薄的 7%，这反映出航空业的高度竞争性质。在这个行业内，没有一家公司能够相对同行具有长期竞争优势。另外，通用汽车公司即使在经营情况良好时（当它不亏损时），也只能净赚其总收入的 3%，这同样说明过度竞争的汽车制造业糟糕的经济状况。

一条简单的规律（当然不乏例外）是：如果一家公司的净利润一直保持在总收入的 20% 以上，那么，这家公司很有可能具有某种长期的相对竞争优势。反之，如果一家公司的净利润持续低于其总收入的 10%，那么它很可能处于一个高度竞争的行业，在该行业中没有一家公司能维持其竞争优势。当然，这种绝对量化的观点会留下一个巨大的灰色地带，就是那些净利润率为 10% ~20% 的公司，这一地带挤满了目前还未被投资者发现但时机已经成熟并等待发掘长期投资价值的公司。

银行和金融公司不属于上述规律范畴，这类公司如果出现异常高的净利润率，通常意味着其风险管理部门过于松懈。尽管这些数据表面上看起来非常有诱惑力，实际上它们却暗示出公司可能在为所谓的高收益率承担巨大的风险，这在贷款业务中通常表现为赚取快钱，但其代价可能是长期的灾难。一个深陷于财务危机的公司是不可能让投资者发财致富的。

第 20 章

每股收益：巴菲特怎么辨别成功者和失败者

每股收益是会计期间内以股份数为基数，计算公司每股股票所得的净利润。在投资领域中，这是一个重量级指标，因为公司的每股收益越多，其股票价格就越高，这是一条定律。想知道公司的每股收益，我们将公司的净利润总额除以公司流通股数量即可得到。举个例子，如果一家公司今年赚取了 1 000 万美元的净利润，而公司总共有 100 万股流通股，那么该公司今年的每股收益为 10 美元。

任何单独一年的每股收益都不足以用来判断一个公司是否具有持续竞争优势，但是，连续 10 年的每股收益数据就足以让我们明确判断出公司是否具有长期竞争优势。巴菲特所寻找的是那些每股收益连续 10 年或者 10 年以上都表现出持续上涨态势的公司，例如每股收益的情况类似于：

2008 年	2. 95 美元
2007 年	2. 68 美元
2006 年	2. 37 美元
2005 年	2. 17 美元
2004 年	2. 06 美元
2003 年	1. 95 美元
2002 年	1. 65 美元
2001 年	1. 60 美元
2000 年	1. 48 美元
1999 年	1. 30 美元
1998 年	1. 42 美元

这张每股收益趋势表为巴菲特展示出该公司具有持续上涨的每股收益，充分说明这家公司具有某种长期竞争优势。持续的利润通常表明公司所销售的产品或产品系列都不需要经过一个昂贵的交换过程，或者说销售成本很低。利润的上升走势意味着公司强大的经济实力足以支付为扩大市场份额而投入的广告费用，或者为扩大生产规模而产生的各种开支，同时公司也有充裕资金进行类似于股票回购的投资活动。

像下表中所列出的每股收益走势不确定的公司，巴菲特通常会敬而远之。

2008 年	2. 50 美元
2007 年	0. 45 美元（亏损）

2006 年	3.89 美元
2005 年	6.05 美元（亏损）
2004 年	6.39 美元
2003 年	5.03 美元
2002 年	3.35 美元
2001 年	1.77 美元
2000 年	6.68 美元
1999 年	8.53 美元
1998 年	5.24 美元

这张表显示出该公司每股收益呈下降趋势，其中一些年度每股收益甚至表现为亏损，这些信息告诉巴菲特，这个公司处于一个激烈竞争行业，时而进入繁荣时期，时而步入衰退时期。繁荣时期说明需求大于供给，当需求巨大时，公司就会扩大生产以适应需求，而这将增加成本，并最终导致整个行业供给过剩。供给过剩的结果是价格下跌，这意味着在下一轮繁荣来临之前，公司将面临亏损。市场上有数以千计这样的公司，其每股收益都是如此走势不定，导致其股票价格像翅膀一样忽上忽下。这也让很多传统价值投资者误认为到了买入的时机，但殊不知他们买入的却是一艘冗长而缓慢、没有明确行驶方向的船。

第二部分

资产负债表

你会发现一件很有意思却未引起人们足够重视的事情，对于大多数公司和大多数个人来说，命运往往在你最脆弱的地方捉弄你。以我的经验来看，最大的两个弱点是酗酒和杠杆。因为我看到太多人因为酗酒而失败，也看到太多企业由于杠杆式收购而衰落。

——沃伦·巴菲特

专家导读

当巴菲特试图判断一家公司是否具有持续竞争优势时，他首先会去查看公司有多少资产、有多少债务，要了解这些信息，他必须查看公司的资产负债表。

巴菲特分析资产负债表，主要关注以下指标：

1. 现金和现金等价物。企业经营遇到困难时，现金越多越好。这时最理想的状况是，有大量的现金库存而几乎没有什么债务，并且没有出售股份或资产，同时公司过去一直保持赢利。

2. 存货。对于制造类企业，要查看其存货增长的同时净利润是否相应增长。存货在某些年份迅速增加，而其后又迅速减少的制造类公司，它很可能处于高度竞争、时而繁荣时而衰退的行业，其中没有任何一家公司能让人变得富有。

3. 应收账款。如果一家公司持续显示出比其竞争对手更低的应收账款占总销售的比率，那么它很可能具有某种相对竞争优势。

4. 流动比率 = 流动资产除以流动负债。很多具有持续竞争优势的公司，其流动比率都小于1，大大异于传统的流动比率指标评判标准。原因是它们的赢利能力足够强劲，融资能力强大，能够轻松自如地用赢利或融资来偿还其流动负债。

5. 房产、厂房和机器设备。优秀公司的产品经常稳定不变，无须为保持竞争力而耗费巨额资金去更新厂房和设备。

6. 无形资产。巴菲特能发现其他人所不能发现的资产负债表之外的无形资产，那就是优秀公司的持续竞争优势，以及由此产生的长期赢利能力。

7. 资产回报率＝净利润除以总资产。大多数分析师认为资产回报率越高越好，但巴菲特却发现，过高的资产回报率可能暗示这个公司的竞争优势在持续性方面是脆弱的。

8. 短期贷款。当投资于金融机构时，巴菲特通常回避那些短期贷款比长期贷款多的公司。

9. 长期贷款。巴菲特发现，那些具有持续竞争优势的公司通常负担很少的长期贷款，或压根儿没有长期贷款。这是因为这些公司具有超强的赢利能力，当需要扩大生产规模或进行企业并购时，它们完全有能力自我融资。一般而言，它们有充足的盈余在3～4年时间内偿还所有长期债务。

10. 债务股权比率＝总负债÷股东权益。越是好公司，赢利能力越强，股东权益较高，总债务较低。除非我们是在寻找金融机构，债务股权比率低于0.80较好，越低越好。

11. 留存收益。公司留存收益的增长率是判断公司是否得益于某种持续竞争优势的一项好指标。道理很简单：公司留存的收益越多，它的留存收益增长就越快，这又将提高公司未来收益的增长率。

12. 库存股票。如果资产负债表上出现了库存股票，表明公司曾经回购股票，那么这家公司很可能具有一种与之有利的持续竞争优势。但中国法律规定回购股份必须注销，因此资产负债表中没有库存股票。

13. 股东权益回报率 = 净利润 ÷ 股东权益。巴菲特发现，那些受益于某种持续或长期竞争优势的公司往往有较高的股东权益回报率。

14. 财务杠杆。财务杠杆是指公司通过借债来进行投资以扩大利润。巴菲特会尽量避开那些靠使用大量杠杆来获取利润的公司。

第21章

资产负债表概述

当巴菲特试图判断一家公司是否具有持续竞争优势时，他首先会去查看公司拥有多少资产（包括现金和财产），承担多少债务（包括公司对供货商的应付款、银行贷款以及债券）。要了解这些信息，他必须查看公司的资产负债表。

资产负债表不像损益表那样有固定的报表周期，不存在一个年度或一个季度的资产负债表这一说法。我们能在一年中任何一天创建一张资产负债表，但它一般只在某些特定的日子才会派上用场。公司的会计部门一般会在每个会计期间的最后一天编制资产负债表，我们可以把它看作在那个特定时刻公司财务状况的一张“快照”。

资产负债表包括两个部分：第一部分列出所有的资产，其中有很多不同类型的资产项目，包括现金、应收账款、存货、房产、厂房和机械设备。

资产负债表的第二部分是负债和所有者权益。

负债可分为两种不同类别的负债：流动负债和长期负债。流动负债指一年内到期需要偿还的借款，包括应付账款、预提费用、短期债务、到期长期负债以及其他流动负债。

长期负债是指那些一年以后或更长时间到期的负债，包括公司所欠供货商的货款、未缴税金、银行贷款和应付债券。

巴菲特寻找具有持续竞争优势的公司，就是要在其资产负债表中查找某种特殊的东西，在本书的稍后章节会进行详细讲解。

现在，如果我们用所有的资产减去所有的负债，将得到公司的净资产，它与公司所有者权益是相等的。举个例子：如果一个公司有价值10万美元的资产和2.5万美元的负债，那该公司的净资产或者所有者权益则为7.5万美元。但如果该公司的资产价值为10万美元，而负债为17.5万美元的话，公司的净资产或所有者权益就为负的7.5万美元。

资产 - 负债 = 净资产或所有者权益

关于资产负债表概述就讲到这里吧，我们在后面的章节将会看到，巴菲特是如何使用资产负债表，以其所有分类去识别一家公司是否具有相对持续竞争优势的。

附：资产负债表

资产负债表 （单位：百万美元）

资产		负债	
现金和短期投资	4 208	应付账款	1 380
存货合计	2 220	预提费用	5 535
应收账款合计（净值）	3 317	短期借款	5 919
预付账款	2 260	一年内到期的长期借款	133
其他流动资产合计	0	其他流动负债	258
流动资产合计	12 005	流动负债合计	13 225
房产/厂房/设备	8 493	长期借款	3 277
商誉（净值）	4 246	递延所得税	1 890
无形资产（净值）	7 863	少数股东权益	0
长期投资	7 777	其他负债	3 133
其他长期资产	2 675	负债合计	21 525
其他资产	0		
资产合计	43 059	**所有者权益**	
		优先股	0
		普通股	880
		资本公积	7 378
		留存收益	36 235
		普通国债	－23 375
		其他权益	626
		所有者权益总额	21 744
		负债和所有者权益合计	43 269

第22章 资 产

资产负债表/资产项目（单位：百万美元）

项目	金额
现金和短期投资	4 208
存货合计	2 220
应收账款合计（净值）	3 317
预付账款	2 260
其他流动资产合计	0
流动资产合计	12 005
房产/厂房/机械设备	8 493
商誉（净值）	4 246
无形资产（净值）	7 863
长期投资	7 777
其他长期资产	2 675
其他资产	0
资产合计	43 059

这张表上记录了全部资产，包括现金、厂房和设备、专利权等所有组成公司财富的东西，它们都在公司资产负债表中的资产项目下面。

在资产负债表上，以前的会计分类将公司资产分为两大类：流动资产和其他资产。

流动资产包括现金和现金等价物、短期投资、应收账款净额、存货以及统称的其他流动资产。这些资产之所以被称为流动资产，是因为它们是现金，或者能在很短的时间期限内（一般在一年以内）转化为现金。按规定，它们在资产负债表上是按照流动性（代表它们变现的速度）进行列示。流动资产也曾被称为快速资产、不稳定资产或浮动资产。流动资产最重要的功能在于，如果公司的经营状况开始恶化，其他日常营运资本也开始锐减蒸发的话，它们能够快速变现。（如果你无法想象公司的营运资本可能一夜间蒸发殆尽，看看贝尔斯登就知道了。）

其他所有资产就是指那些流动性不足的资产，换句话说，就是那些一年之内都不能变现的资产。作为一个单独分类，它们被记在资产负债表中流动资产的正下方，包括长期投资、厂房财物和机器设备、商誉、无形资产、累计摊销、其他长期资产和递延长期资产支付。

这两大类资产合计起来构成了公司总资产。不管是以单独形式还是合计形式出现，通过观察它们的质量和数量，巴菲特从中可以得到很多关于公司经济运营状况的信息，并以此分析判断该公司是否是他梦寐以求、能让他获得丰厚回报的具有持续竞争优势的公司。

这就是为什么我们要在随后几个章节中分别讨论各类资产，并分析巴菲特如何运用这些指标去判断公司是否具有持续竞争优势的原因。接下来，我们将详细阐述这些资产类别，通过单独分析和汇总分析，探讨如何利用它们帮助我们识别那些优质公司。

第 23 章

流动资产周转：钱是如何赚取的

资产负债表/资产项目（单位：百万美元）

→ 现金和短期投资	4 208
→ 存货合计	2 220
→ 应收账款合计（净值）	3 317
预付账款	2 260
其他流动资产合计	0
流动资产合计	12 005

流动资产通常也被称为公司的“运营资产”，因为它们始终循环在生产经营过程中：现金用于购买原料并以存货形式存在，经过加工处理的存货又出售给经销商，并变为应收账款，从经销商那里收回的应收账款最后又转化为现金。现金—存货—应收账款—现金这个循环反复周转，公司就是在这个周转过程中赚取收益的。

流动资产在周转中呈现的不同形式和内容，提供给巴菲特大量的有关公司经营情况的信息，巴菲特据此判断这个公司在竞争市场上是否具有持续竞争优势。

第 24 章

现金和现金等价物：巴菲特的困惑

资产负债表/资产项目（单位：百万美元）

项目	金额
→ 现金和短期投资	4 208
→ 存货合计	2 220
→ 应收账款合计（净值）	3 317
预付账款	2 260
其他流动资产合计	0
流动资产合计	12 005

巴菲特在资产负债表上查看的第一项内容，就是公司的资产项目下有多少现金和现金等价物。这项资产包括实物现金和现金等价物，如短期银行存款、三月期国债和其他高流动性资产。一个公司若持有高额的现金或者现金等价物，巴菲特由此判断该公司可能为以下两种情况之一：其一，公司具有某种竞争优势，并能不断地产生大量现金，这是一件好事情；其二，公司刚出售了一部分业务或大

量公司债券，这可能不是一件好事情。低数额或非常短缺的库存现金通常意味着公司经营变得困难或趋于平庸。为了更清楚地区分以上各种情况，下面让我们对现金这项资产进行更深入了解。

通常情况下，公司会保留一定的现金库存，从而维持企业运营，这些库存现金被当作一个巨大的支票簿。但是，如果我们一直保持赢利状态，库存现金将不断堆积，公司将面临如何处理这些多余现金的相关投资问题——这当然是我们乐意接受的事情。

由于将现金存入银行活期账户或定期存款所带来的投资回报率太微薄，所以，最好将现金资产投入到公司运营或具有更高资产回报率的投资项目上。你想拥有哪种投资？一张给你带来 4% 的投资回报率的短期银行存款单，还是一栋可能给你带来 20% 的投资回报率的公寓？你毫不犹豫地会选择拥有这栋公寓。其道理同样适用于公司运作。如果现金流入比日常营运所耗费的现金流出更快的话，现金将会越积越多。一旦现金累积增多，公司将不得不考虑怎么处理它。公司传统的做法是将盈余的现金用于扩大生产规模。而羽翼未丰的新兴公司则可能通过股票市场投资其他公司，用于回购公司股票，或者给股东派发现金红利。但大多数情况下，它们只是简单地存储现金以防不时之需。在这个瞬息万变、充斥着机遇与挑战的世界里，一家公司保持再多的现金储备都不为过。

对公司而言，通常有三种途径可以产生大量现金。首先，它可以向公众发行出售新的债券或股票，所融得的资金在使用之前会形成大量的库存现金；其次，公司也可以通过出售部分现有业务或其他资产，出售获得的资金在公司发现其用途之前也会带来大量的库存现金；最后，也可能是公司一直保持着运营收益的现金流入大于运营成本的现金流出。正是这种通过持续经营的方式带来大量现金累积的公司，才能引起巴菲特的兴趣，这类公司往往具有某种对其有利的持续竞争优势。

当巴菲特所关注的公司在短期内面临经营问题时（那些短视的华尔街投资者会因此而抛售公司股票，从而压低股价），巴菲特会查看公司累积的现金或有价证券总额，由此来判断这家公司是否具有足够的财务实力去解决当前的经营困境。

因此有这样一条规律：如果我们看到一家公司持有大量现金和有价证券，并且几乎没有什么债务的话，那么很可能，这家公司能顺利度过这个黑暗的困难时期。但如果这家公司现金紧缺，并且背负着一大堆债务，那么这家公司很可能会倒闭，再有能力的经理恐怕也救不了它。

想要弄清楚公司所有现金的来源，最简单的方法是查看其过去 7 年的资产负债表。这将给我们揭示公司的结余现金是由偶然性事件产生（如发行销售新债券或股票，或出售公司的一项资产或部分业务），还是由公司的持续经营盈余产生。如果公司负债过多，那么它很可能不是一家杰出的公司。如果我们看到大量的结余现金，几乎没有什么债务，并且没有出售股份或者资产，同时公司过去一直保持赢利的话，那么，我们就可能找到了一家具有持续竞争优势的优质公司——巴菲特一直追寻的、能让我们长期致富的公司。

我们不要忘记，当困难来临时“现金为王”，所以，这时如果我们的竞争对手没有现金，而我们持有大量现金，那么我们才能稳健经营。

稳健经营才能一直笑到最后。

第 25 章

存货：公司需采购的原料和公司需出售的产品

资产负债表/资产项目（单位：百万美元）

项目	金额
现金和短期投资	4 208
→ 存货合计	2 220
应收账款合计（净值）	3 317
预付账款	2 260
其他流动资产合计	0
流动资产合计	12 005

存货是公司库存待销售给采购商的产品。因为资产负债表是在某一特定日期制定，所以该表上所记录的存货数额就是公司在那天的存货价值。

很多公司都存在存货过时废弃的风险。但是我们之前讨论过，具有持续竞争优势的制造类公司，其销售产品有不变的优势，因此其产品绝不会过时废弃。这是巴菲特想寻找的一种优势。

当我们试图识别一家制造类公司是否具有某种持续竞争优势时，应查看其存货和净利润是否相应增长。如果答案肯定，则意味着该公司能找到一种有利可图的方式，从而增加销售，这必然会导致存货相应增加，以满足源源不断的订单。

存货在某些年份迅速增加，而其后又迅速减少的制造类公司，很可能处于高度竞争、时而繁荣、时而衰退的行业，其中没有任何一家公司能让人变得富有。

第 26 章

应收账款净值：别人欠公司的钱

资产负债表/资产项目（单位：百万美元）

项目	金额
现金和短期投资	4 208
存货合计	2 220
→ 应收账款合计（净值）	3 317
预付账款	2 260
其他流动资产合计	0
流动资产合计	12 005

当公司出售其产品给购买者时，购买者有两种基本付款方式，要么是货到付款，要么等到收到货物后延期 30 天支付，有些公司可能需要更久的时间才能支付现金。产品销售处于这种现金延期支付的状态时，叫作应收账款。这是采购商欠公司的钱。因为有一定比例的采购商可能赖账不付，所以必须估算出一定数额的坏账，并从

总应收账款中扣除，得到的就是应收账款净值。

应收账款减去坏账等于应收账款净值。

单独的应收账款净值指标并不能告诉我们多少有关公司长期竞争优势的信息。但是，将其对比同行业的其他公司，从这一指标上，我们能得知很多信息。在激烈竞争的行业，有些公司试图通过提供更有利的支付方式来获取竞争优势（公司可以给采购商或承销商120天的付款期限）。而这导致销售增加的同时，应收账款也随之增加。

如果一家公司持续显示出比其竞争对手更低的应收账款占总销售的比率，那么它很可能具有某种相对竞争优势。

第 27 章

预付账款和其他流动资产

资产负债表/资产项目（单位：百万美元）

项目	金额
现金和短期投资	4 208
存货合计	2 220
应收账款合计（净值）	3 317
→ 预付账款	2 260
→ 其他流动资产合计	0
流动资产合计	12 005

公司有时候会事先支付它们在不远的将来才能收到的商品或服务，尽管当时它们还没有获得该商品的所有权，或未曾享受该服务带来的利益。即使公司还没有收到这些商品或服务，然而，一旦支付款项后，它们就变为公司的资产。公司将其记录到流动资产下面的预付账款账户里。比如，为来年事先预支的保险费就是预付账款

的一个典型例子。预付账款能提供给我们有关公司经营状况方面的信息很少，也不能帮我们判断公司是否获益于具有某种持续竞争优势。

其他流动资产指那些将在一年内到期，但目前公司还未持有的非现金资产。这类资产包括递延所得税，这项资产可在一年内收回，但目前暂未转化为手中的现金。

第 28 章

流动资产合计和流动比率

资产负债表/资产项目（单位：百万美元）

项目	金额
现金和短期投资	4 208
存货合计	2 220
应收账款合计（净值）	3 317
预付账款	2 260
其他流动资产合计	0
→ 流动资产合计	12 005

在财务分析中，流动资产合计一直扮演着举足轻重的角色。分析师们通常认为，将公司的流动资产减去它的流动负债所得到的结余能告知他们该公司是否有能力偿还短期负债。他们建造了流动比率这一指标，它等于流动资产除以流动负债。流动比率越高，公司的流动性越好。流动比率大于 1 被认为是好现象，而流动比率小于

1 则被认为是坏现象，因为，小于 1 的流动比率说明公司可能在偿还短期债务方面存在一定困难。

有趣的是，对于很多具有持续竞争优势的公司来说，其流动比率常常低于这个神奇的分水岭数字 1。穆迪公司的流动比率为 0.64，可口可乐公司的流动比率为 0.95，宝洁公司的流动比率为 0.82，安海斯-布什公司的流动比率为 0.88。按那些守旧派分析师的观点，这意味着它们将面临偿还短期流动债务的困难。而实际上，它们的赢利能力足够强劲，能够轻松自如地偿还流动负债。并且，因为它们具有优异的赢利能力，如果需要额外的短期现金，这些公司可以毫无障碍地进入短期商业票据市场进行融资。

凭借强大的赢利能力，它们还可以向股东派发丰厚的红利或者进行股票回购，这两种情况都会减少现金储备，从而使它们的流动比率小于 1。然而，也正是它们的持续赢利能力（由于具有某种持续竞争优势），才能确保它们有能力偿还其短期流动债务，不至于沦为变化无常的商业周期和经济衰退的牺牲品。

简而言之，很多具有持续竞争优势的公司，其流动比率都小于 1，不同于传统的流动比率指标评判标准。因此，我们在判断一家公司是否具有持续竞争优势时，流动比率指标会显得毫无用处。

第 29 章

房产、厂房和机器设备：对巴菲特来说越少越好

资产负债表/资产项目（单位：百万美元）

项目	金额
流动资产合计	12 005
→ 房产/厂房/机器设备	8 493
商誉（净值）	4 246
无形资产（净值）	7 863
长期投资	7 777
其他长期资产	2 675
其他资产	0
资产合计	43 059

公司的房产、生产厂房和机械设备的总价值在资产负债表上显示为一项资产。它们是以其初始购置成本减去累计折旧后的价值记录。折旧是在厂房和设备不断损耗过程中累积产生。每年，这

部分消耗的价值必须从厂房和设备中计提出来。

那些不具备长期竞争优势的公司可能时刻面临着竞争，这意味着它们往往不得不在其生产设备报废之前不断地进行更新，以保持其竞争力。这必然会产生一种持续的隐形开支，使公司资产负债表上的厂房和设备的价值数额一直增长。

一家具有持续竞争优势的公司无须不断更新其厂房和设备以保持竞争力。以著名口香糖生产商箭牌公司为例，如果它建造一间用于生产口香糖的厂房，在这间厂房和设备报废毁损之前，它不需要更新其厂房和设备。

所以，具有持续竞争优势的公司一般在厂房和设备报废时才进行更新，而那些不具备持续竞争优势的公司为了在竞争中不至于落后，不得不经常更新其厂房和设备。

一家具有持续竞争优势的公司完全有能力使用其内部资金去购买新厂房和设备，但是一家没有持续竞争优势的公司为了保持相对于同行的竞争力，可能被迫举债，去满足不断更新设备而产生的资金需求。

我们仍然以具有长期竞争优势的箭牌公司为例，它可以充分证明以上论断。箭牌公司的厂房和设备总价值为 14 亿美元，其负担的债务有 10 亿美元，但它每年却能赚取大约 5 亿美元的利润。相对于箭牌公司，没有持续竞争优势的通用汽车的厂房和设备价值达 560 亿美元，负担的债务为 400 亿美元，该公司在过去两年中财务状况均为亏损状态。

口香糖不是一种经常需要更新的产品，而且箭牌公司的品牌确保了它在行业内的相对竞争优势。但是，通用汽车公司必须面临全球汽车制造商的激烈竞争，其产品组合必须不断地进行升级和重新设计，才能保持在竞争中的领先地位。这意味着通用汽车公司的生产线需要不断地进行重新改装配置，以确保生产新款产品满足消费者的需求。

对于这两家公司的股东来说，生产口香糖相比起制造汽车更好、赢利更多。设想一下：早在 1990 年投资 10 万美元在箭牌公司，到 2008 年，其价值能达到大约 54. 7 万美元。但如果同年投资 10 万美元于通用汽车公司的话，到 2008 年，其价值仅为 9. 7 万美元。也就是说，箭牌公司的股东比通用汽车公司的股东多获取了 46 万美元的收益。他们愉悦地享受着箭牌公司给其带来的丰厚收益，并由此发财致富，而通用汽车公司的股东则不得不面对财富日益蒸发的风险。

如巴菲特所说，生产那些不需要经常更新设备和厂房的“持续性产品”就能赚取持续的利润。“持续性产品”是指无须为保持竞争力而耗费巨额资金去更新厂房和设备的产品，这样能节约出大量的资金用于其他有利可图的投资。想要发财致富，首先我们必须能赚钱，赚钱越多当然越好。有一种方式能让你赚更多的钱，那就是：经营那些无须花费大量资金用于产品更新的生意。

第30章

商誉

资产负债表/资产项目（单位：百万美元）

项目	金额
流动资产合计	12 005
房产/厂房/机器设备	8 493
→ 商誉（净值）	4 246
无形资产（净值）	7 863
长期投资	7 777
其他长期资产	2 675
资产合计	43 059

当埃克森美孚石油公司收购XYZ石油公司时，它支付的购买价格超过XYZ公司的账面价值，这超出的部分在埃克森美孚石油公司的资产负债表上就体现为商誉。如果我们的购买价格超过被收购公司的账面价值，这样的收购越多，我们的资产负债表上所体现的

商誉数额就越大。

以前，商誉一般从公司的利润中逐渐勾销，也就是说，商誉有一个摊销的过程，这导致损益表上增加了一项商誉摊销开支，净利润也会由此而减少。现阶段，美国财务会计准则委员会决定，除非商誉附属的公司确实存在价值贬值，否则商誉不需要进行摊销处理。

只要看到公司的商誉连续几年都在增加，我们就可以断定这家公司在不断地并购其他公司。如果公司所并购的企业也具有持续竞争优势的话，那将是锦上添花。如果一家公司的商誉账户每年都保持不变，那要么是因为公司以低于账面价值的价格并购其他公司，要么就是公司在这期间内没有任何并购行为。

那些得益于某种持续竞争优势的公司基本上不会以低于其账面价值的价格出售。当然，也不排除偶尔会有这种情况发生，倘若确有其事，那是一次终生难得的买入的好机会。

第 31 章

无形资产：衡量不可测量的资产

资产负债表/资产项目（单位：百万美元）

流动资产合计	12 005
房产/厂房/机器设备	8 493
商誉（净值）	4 246
→ 无形资产（净值）	7 863
长期投资	7 777
其他长期资产	2 675
资产合计	43 059

无形资产是那些我们无法用身体感受的资产，它们包括专利权、版权、商标权、专营权、品牌等。很久以前，一家公司可以随意对其无形资产进行估值，因此，产生了不少荒诞可笑的无形资产估值和大量无形资产价值被滥估的现象。而现在，公司不允许将内部形成的无形资产计入其资产负债表，从而结束了用浮夸的无形资产估

值“包装”资产负债表的公司行为。

但是，由第三方收购所产生的无形资产应以合理的价值计入公司的资产负债表。如果一项资产有使用期限，例如专利权，它将在其使用期限内进行摊销，每年分摊一定费用，并计入当期损益表和资产负债表。

这样一来，那些得益于持续竞争优势的公司发生了一件奇怪的事情。拿可口可乐公司来说，该公司的品牌价值超过 1 000 亿美元，但由于这只是公司内部形成的品牌，它作为无形资产的真实价值并不能反映在公司的资产负债表上。同样的事发生在箭牌、百事、麦当劳，甚至是沃尔玛这些公司身上。这些公司都受益于由其品牌带来的持续竞争优势，但是，尽管它们的无形资产的价值非常巨大，却并没有反映在其资产负债表上。

这就是为什么持续竞争优势能给股东带来财富，但长久以来却一直未被大众投资者所发现的原因之一。不善于比较公司过去 10 年的损益表，不深入分析其资产负债表反映的真实价值，大众投资者永远不知道财富在哪儿，也不会发现其潜在的增值能力。这也是为什么巴菲特能够在其他人还坐观其变的时候，却大量吃进像可口可乐这类公司股票的原因。而此时，整个世界并不明白他为什么要这么做。可口可乐公司高昂的股价使那些追随格雷厄姆的价值投资者对其并不感兴趣，同时，其股价也不具备足够的波动性去吸引那些华尔街的投机者。尽管如此，巴菲特却能发现其他人所不能发现的秘密，那就是可口可乐的持续竞争优势以及由此产生的长期赢利能力。有朝一日，可口可乐的赢利能力将帮助他成为这个世界最富有的人。

第 32 章

长期投资：巴菲特成功的秘密之一

资产负债表/资产项目（单位：百万美元）

流动资产合计	12 005
房产/厂房/机器设备	8 493
商誉（净值）	4 246
无形资产（净值）	7 863
→ 长期投资	7 777
其他长期资产	2 675
资产合计	43 059

长期投资属于公司资产负债表上的一项资产，该账户记录了公司的全部长期投资（一年期以上），如股票、债券和房地产投资的价值。它还包括公司对附属子公司和分支机构的投资。关于长期投资账户，有意思的地方在于，这项资产的入账价值为该项投资的成

本价值或者市场价值，哪个价值更低，资产负债表上就记录哪个价值。因此，即使这项投资价值发生大幅增值，也不能以高于成本的价格入账。这意味着，一家公司有些价值不菲的资产，其入账价值可能远远低于其实际的市场价格。

一个公司的长期投资情况可以反映出很多公司管理层投资心态的信息。他们投资的是那些具有持续竞争优势的公司，还是处于那些高度竞争行业的公司？有时候，我们看到一些优质公司的管理层花费巨额资金投资于那些平庸的公司，仅仅是因为他们觉得公司规模大就是最好的。有时我们也能看到一些平庸公司的开明经理投资于那些具有持续竞争优势的公司。这就是为什么巴菲特能将他控股的伯克希尔·哈撒韦公司发展到如今的投资领域霸主地位的原因。伯克希尔曾经只是高度竞争的纺织业中一家平庸的企业。巴菲特买入其控股权后，暂停了分红并累积现金，然后将公司的运营资本投资买入了一家保险公司。40 多年间，他用这家保险公司的资产不停地疯狂购买诸多具有持续竞争优势的公司。

就像公主亲吻青蛙一般，以持续竞争优势亲吻一家像青蛙般平庸的公司，只要亲吻的次数足够多，这家公司最终会变成像王子一样尊贵的公司。或许，就拿巴菲特的投资实例来说，他持有的伯克希尔公司，其股票价值高达 600 亿美元。

第 33 章

其他长期资产

资产负债表/资产项目（单位：百万美元）

项目	金额
流动资产合计	12 005
房产/厂房/机器设备	8 493
商誉（净值）	4 246
无形资产（净值）	7 863
长期投资	7 777
→ 其他长期资产	2 675
资产合计	43 059

可以把“其他长期资产”看作那些没有归入房屋设备、商誉、无形资产和长期投资账目的长期资产（生命周期超过一年的资产）的集合。待摊费用就属于其他长期资产。

其他长期资产在判断公司是否具有持续竞争优势方面所提供的信息不多，所以，请大家直接翻到下一章吧。

第 34 章

总资产和总资产回报

资产负债表/资产项目（单位：百万美元）

项目	金额
流动资产合计	12 005
房产/厂房/机器设备	8 493
商誉（净值）	4 246
无形资产（净值）	7 863
长期投资	7 777
其他长期资产	2 675
→ 资产合计	43 059

将流动资产和长期资产相加，我们就能得到这个公司的总资产。公司的总资产等于它的总负债加上股东权益。它们之间是相互平衡的，因此，资产负债表也被称为平衡表。

在判断公司的资产使用效率方面，总资产是十分重要的。为了衡量公司效率，分析师们创造出资产回报率这个指标，它等于净利润除以总资产。

然而，资本通常是进入一个行业的屏障，因此，行业进入所需的资产成本是帮助公司维持竞争优势的保证之一。可口可乐公司的总资产为430亿美元，其资产回报率为12%；宝洁公司的总资产高达1 430亿美元，而其资产回报率为7%；奥驰亚集团股份有限公司的总资产为520亿美元，其资产回报率为24%；但穆迪公司的总资产只有17亿美元，其资产回报率却高达43%。

大多数分析师认为资产回报率越高越好，但巴菲特却发现，过高的资产回报率可能暗示着这个公司的竞争优势在持续性方面是脆弱的。拿430亿美元去撼动可口可乐的地位几乎是不可能完成的任务，而且这根本不可能发生。但是拿17亿美元去与穆迪公司相抗衡则完全有实现的可能。尽管穆迪公司相比可口可乐公司有更好的赢利能力，但穆迪公司的竞争优势在持续性方面相对较弱，因为进入该行业的相对成本较低。

从这里我们得知，有时候现在的多往往意味着将来的少。

第35章

流动负债

资产负债表/负债项目（单位：百万美元）

应付账款	1 380
预提费用	5 535
短期贷款	5 919
一年内到期的长期贷款	133
其他流动负债	258
→流动负债合计	13 225

流动负债指公司在当期会计年度到期应该偿还的债务或应履行的义务。它们在资产负债表上体现为应付账款、预提费用、短期贷款、一年内到期的长期贷款和其他流动负债。接下来，让我们对这些账户逐一进行分析，看它们是否能提供一些信息，以便帮助我们判断公司是否具有某种相对的持续竞争优势。

第 36 章

应付账款、预提费用和其他流动负债

资产负债表/负债项目（单位：百万美元）

项目	金额
→ 应付账款	1 380
→ 预提费用	5 535
短期贷款	5 919
一年内到期的长期贷款	133
→ 其他流动负债	258
流动负债合计	13 225

应付账款指公司以赊销的方式购买材料、商品或接受劳务供应等发生的债务。我们预定了 1 000 磅咖啡，供应商将 1 000 磅咖啡连同这笔货款的发票一起给我们。这 1 000 磅咖啡货款的发票就是一项应付账款。

预提费用指已经发生但还没有支付的负债。这些费用包括应缴营业税、应付工资和计提的应付租金。我们雇用了某人，并告诉他我们会在月底发薪水，到月底结算工资前，我们该付给他的工作报酬就是预提费用。

其他流动负债指未纳入上述流动负债的所有短期负债的集合。

应付账款、预提费用和其他流动负债能告诉我们很多关于公司当期营业状况的信息，但单个账户能给我们提供的关于公司长期经营状况的信息有限，不足以判断公司是否具有持续竞争优势。然而，一个公司负担的短期贷款和长期贷款数额能反映很多关于公司长期经营状况的信息，并能由此判断这家公司是否具有持续竞争优势。

第 37 章

短期贷款：它如何摧毁一家金融机构

资产负债表/负债项目（单位：百万美元）

应付账款	1 380
预提费用	5 535
→ 短期贷款	5 919
一年内到期的长期贷款	133
其他流动负债	258
流动负债合计	13 225

短期贷款指公司在一年内必须偿还付清的款项。短期贷款包括商业票据和短期银行贷款。通常而言，短期贷款成本总是比长期贷款成本更便宜。这意味着可以通过借入短期资金进行长期放贷来赚钱。我们以 5% 的利率借入短期资金，而以 7% 的利率放出长期贷款，这看起来非常简单。但这种策略存在的问题是，由于借入是短

期资金，那意味着我们必须在一年之内偿还它，这也容易解决——我们可以借入更多的短期资金以偿还那些即将到期的短期贷款。用金融术语来说，这叫作“再筹划资金清偿债务”。在短期借款利率攀升到我们贷出长期贷款的利率水平之前，这种机制运行良好，而且，5%的短期借款利率看起来还不错，但如果短期利率上升到 8%，短期再融资成本就会超过我们贷出的长期利率，那样我们可就高兴不起来了。

可能导致短期融资灾难性危机的另一个原因是，如果我们将所有借入资金以长期形式放贷出去后，债权人可能不会再给我们提供更多的短期资金。顷刻间，我们必须偿还所有以短期借入而以长期贷出的资金。但此时，我们没有足够的资金，因为长期贷款一旦放出，在多年之内我们将得不到偿还。

下面是贝尔斯登发生的情况：它们借入短期资金并以此购买住房抵押贷款证券，然后将这些住房抵押贷款证券作为抵押品，继而借入短期贷款。但有一天，它们的债权人醒悟过来，并对它们说：“我们认为你们提供的抵押品的价值根本值不了你们所说的价值，我们不想再借给你一分钱，并且我们要收回已提供给你的贷款。”此时，贝尔斯登的处境就不太妙了。

银行业最灵活、最安全的赚钱方式就是借入长期资金并以此提供长期贷款。这就是为什么银行通常试图说服我们购买 5 ~ 10 年期的大额可转让定期存单的原因。不同于借入短期资金而长期放贷那样快而简单的赚钱方式，它是一种理智而更为保守的赚钱方式。这正是我们在一家银行里所寻找的和一个银行家该具有的理智。

当投资于金融机构时，巴菲特通常回避那些短期贷款比长期贷款多的公司。巴菲特喜欢的富国银行，每1美元长期贷款相应只有57美分短期贷款。但是一些激进派银行，如美国银行，每1美元长期贷款由2.09美元的短期贷款提供。激进派金融机构可能短期内收益颇丰，但它很容易在将来面临金融危机。没有人能在发生金融危机的逆境中致富。

在金融危机时期，像富国银行这样的稳定保守型银行要比那些容易深陷困境的激进型银行更具竞争优势。“持续性”就是保守投资带来的稳定性。当别人亏损时它有资金，这就创造了机会。激进型的长贷短还模式常常受信贷市场影响而深陷困境，它可能将整个公司的运营置于风险之中，这等同于在公司经营模式上失去了持续竞争优势。在商海战斗里，持续竞争优势对公司来说非常像女性的贞洁——相对容易保护，一旦失去却很难找回。

第 38 章

一年内到期的长期贷款及其可能带来的问题

资产负债表/负债项目（单位：百万美元）

项目	金额
应付账款	1 380
预提费用	5 535
短期贷款	5 919
→ 一年内到期的长期贷款	133
其他流动负债	258
流动负债合计	13 225

这一章我们将关注长期贷款，它是一年内即将到期的、必须偿还的债务。对大多数公司而言，长期贷款并不是一项流动负债。但一些大型公司会把部分即将到期的长期贷款计入当年的流动负债。这样的做法会产生一些问题，人们误认为公司的短期贷款负担过重，但实际上并非如此。

通常来说，那些具有持续竞争优势的公司不怎么需要，甚至完全不需要长期贷款去维持其公司运营，因此，它们基本上很少有到期的长期贷款。所以，当我们看到一家公司负担着大量即将到期的长期贷款时，它很可能不是一家具有持续竞争优势的公司。

每当我们打算买入一家具有持续竞争优势，但因某些偶然性事件（例如，公司在其他行业的附属子公司需要现金补给）正处于困境时期的公司时，我们最好查看一下公司到底有多少长期贷款在明年即将到期。仅仅是单独一年的过多到期债务可能会令众多投资者感到不安，这样就会留给我们一个绝佳的购买时机。

对于一家陷入严重困境的平庸公司来说，过多的到期债务可能会导致现金流中断，这必定会导致破产，对投资者而言，这也意味着失败。

拥有一项垂死挣扎的投资是不会让我们发财致富的。

第 39 章

负债合计和流动比率

资产负债表/负债项目（单位：百万美元）

项目	金额
应付账款	1 380
预提费用	5 535
短期贷款	5 919
一年内到期的长期贷款	133
其他流动负债	258
→ 流动负债合计	13 225

将流动资产除以总负债，我们可以确定公司的流动性——流动比率越高，公司流动性就越高，因此它偿还到期流动负债的能力就越强。一个公司的流动比率大于 1 被认为运营良好，小于 1 则说明运营糟糕。如果流动比率小于 1，该公司可能会陷入偿还债权人短期负债的困境。但是，就像我们在第 28 章所讨论的那样，那些具

有持续竞争优势的公司，其流动比率通常都小于1。公司的持续竞争优势所产生的巨大赢利能力是导致这一异常现象的原因。简而言之，这些公司可以保持当前的良好经营状况，所以不需要像平庸公司那样需要流动性来保护。（如果需要更深入的分析，请重温第28章）确定那些处于平均水平公司的流动性和流动比率至关重要，但是它在帮我们判断一个公司是否具有某种持续竞争优势方面，几乎没什么作用。

第 40 章

长期贷款：优秀公司很少有的东西

资产负债表/负债项目（单位：百万美元）

项目	金额
流动负债合计	13 225
→ 长期贷款	3 277
递延所得税	1 890
少数股东权益	0
其他长期负债	3 133
负债合计	21 525

长期贷款是指那些一年以上才到期的债务，它被列在资产负债表中的长期负债一栏下。如果这笔债务在一年内到期，那它将被视为短期贷款并放在流动负债账户下。巴菲特在寻求具有长期竞争优势的杰出公司过程中，公司账簿上所记录的长期贷款能告知他很多关于该公司的财务状况信息。

巴菲特发现，那些具有持续竞争优势的公司通常负担很少的长期贷款，或者压根儿没有长期贷款。这是因为这些公司具有超强的赢利能力，当需要扩大生产规模或进行企业并购时，它们完全有能力自我融资，所以它们完全没有必要大量举债。

有一种方法可以帮我们辨识那些优秀公司，就是查看其资产负债表，看它负担多少长期贷款。我们不仅要关注当年的数据，还要查看过去10年来公司的长期负债情况。如果资产负债表反映出该公司在过去10年中一直保持少量甚至没有长期贷款，那么这个公司很可能具有某种有利的强大竞争优势。

巴菲特的投资实例表明，在任何一年，公司都应该有充足的盈余在3~4年间偿还所有长期债务。具有长期竞争优势的可口可乐公司和穆迪公司仅在一个年度内就能偿清所有的长期贷款，箭牌公司和华盛顿邮报公司用其两年的净利润就可以偿还全部的长期贷款。

但像通用汽车和福特汽车这样处于高度竞争汽车行业的公司，就是花光它们在过去10年所赚取的全部净利润，也不能偿清资产负债表上巨额的长期贷款。

我们在寻求具有持续竞争优势公司的过程中，那些具有超强赢利能力，能在3年或4年内偿还全部长期贷款的公司都是很好的候选者，这是最起码的要求。

但请注意：因为这些公司具有如此强大的赢利能力，并只负担少量的负债，甚至完全没有负债，它们经常成为杠杆式收购的目标。在这个过程中，购买方凭借这些公司充裕的现金流借入大量资金以促成收购。在完成杠杆式收购后，公司则背负着巨额债务。20 世纪 80 年代末的雷诺兹－纳贝斯克收购就是这方面的一个典型案例。

如果其他所有方面都表明这是一家具有持续竞争优势的公司，但其债务负担较重的话，可能是由于杠杆式收购产生的。在这种情况下，公司的债券通常是一个不错的投资选择，因为此时公司的全部赢利将被用于偿还债务，而不是用于公司发展。

一条简单的规律：少量或没有长期贷款通常意味着一项很好的长期投资。

第 41 章

递延所得税、少数股东权益和其他负债

资产负债表/负债项目（单位：百万美元）

项目	金额
流动负债合计	13 225
长期贷款	3 277
→ 递延所得税	1 890
→ 少数股东权益	0
→ 其他负债	3 133
负债合计	21 525

递延所得税是指已到期但未支付的税款。这个数据能告诉我们有关公司是否具有持续竞争优势的信息很少。

资产负债表上的少数股东权益非常有意思。当一个公司收购另一个公司的股份时，收购这些股份所支付的款项将被计入“长期投资”账户。但当公司收购的股票份额超过被收购公司总股本的80%时，被收购公司的整个资产负债表就可以合并在自己公司的资产负债表上，损益表也同样如此。举个例子：伯克希尔收购内布拉斯加家具超市90% 的股份。因为伯克希尔收购了内布拉斯加家具超市超过 80% 的股份，所以伯克希尔可以将内布拉斯加家具超市 100% 的利润计入自己的损益表上，同时，可将内布拉斯加家具超市 100% 的资产和负债增加到自身的资产负债表上。少数股东权益账户代表的就是那不为伯克希尔所有的内布拉斯加家具超市 10% 的股份价值。它作为一种负债，其目的是为了平衡资产负债表，因为伯克希尔记录了内布拉斯加家具超市 100% 的资产和负债，尽管它只拥有其 90% 的股份。这与判断一家公司是否具有持续竞争优势有什么关系呢？没什么关系，但我们要清楚，在寻找具有持续竞争优势公司的过程中，到底什么指标有用，什么指标没用。

“其他负债”用于记录公司其他各种负债，包括公司非当期收益、税收利息、未缴罚款和各种衍生工具等。所有这些对我们寻找具有持续竞争优势的公司均没有作用。

第 42 章

负债合计和债务股权比率

资产负债表/债务股权比率

（单位：百万美元）

项目	金额
流动负债合计	13 225
长期贷款	3 277
递延所得税	1 890
少数股东权益	0
其他负债	3 133
→负债合计	21 525

负债合计是公司所有负债的总和。这是被用来计算债务股权比率的一个重要数据，而对债务股权比率稍微加以修改，可以用来帮我们判断一家公司是否具有持续竞争优势。

债务股权比率曾经一度被用于帮助我们判断一家公司是以债务融资还是以股权（包括留存收益）融资为主。具有持续竞争优势的公司一般会利用其赢利作为运作资金，因此从理论上讲，它们的股东权益较高，总债务较低。而那些没有持续竞争优势的公司一般得靠债务为其提供运作资金，因此它们反而显示出较低的股东权益和较高的债务负担。

债务股权比率的计算公式为：

债务股权比率 = 总负债 ÷ 股东权益

使用债务股权比率作为判断公司是否具有持续竞争优势的依据，其问题在于：一些具有持续竞争优势公司的经济实力是如此强大，以至于它们根本不必使用大量的股东权益或留存收益就能提供公司正常的运作资金，有些公司甚至完全不需要这些收益。因为其强大的赢利能力，它们通常会将积累起来的股东权益和留存收益用于回购公司股票，这样会减少其股东权益或留存收益的总量。如此一来，公司的债务股权比率反而会增高，通常与那些没有持续竞争优势的平庸公司具有相同的债务股权比率水平。

巴菲特偏好的穆迪公司就是很好的一个例证。它具有如此强大的财务运作能力，以至于它可以不需要保留任何股东权益。事实上，公司一直在将它所有的股东权益用于回购公司股票，公司账面上的股东权益居然还为负。如果仅仅从债务股权比率来看，它更像一家没有持续竞争优势的公司（例如净资产为负的通用汽车），而不像具有持续竞争优势的公司（例如可口可乐公司）。

然而，如果我们将穆迪公司所有的库存股票[1]价值加回到其股东权益中，穆迪公司的债务股权比率将降至0.63，与可口可乐公司库存股票调整后的债务股权比率（0.51）在同一水平。通用汽车公司即使加上库存股票价值，其净资产仍然为负数，再说，通用汽车没有资金实力去回购公司股票，库存股票根本就不存在。

使用调整后的债务股权比率去区分具有持续竞争优势的公司和那些没有持续竞争优势的公司，就变得简单容易了。具有持续竞争优势的宝洁公司，其库存股票调整后的债务股权比率为0.71；箭牌公司调整后的债务股权比率为0.68——这意味着箭牌公司每1美元的股东权益负担着68美分的债务。相对于宝洁公司和箭牌公司，固特异轮胎公司调整后的债务股权比率为4.35，而福特汽车的比率更是高达38.0。这意味着福特公司每1美元的股东权益负担着38美元的债务——相当于72亿美元的股东权益负担2 750亿美元的债务。

对金融机构，如银行来说，其平均债务股权比率要比同规模的制造类公司高得多。银行借入大量的资金，然后将它们全部贷出，贷出资金的利息收益和借入资金的利息成本之间的差价就是银行的利润来源。这将导致巨额负债，这些负债同时又被巨额资产所抵消。平均来讲，美国金融中心的大型银行每1美元的股东权益大概对应着10美元的负债。巴菲特说银行是高度杠杆化运营公司，其实就是指这方

---

① 库存股票亦称库藏股，是指由公司购回但没有注销，并由该公司持有的已发行股份。库存股在回购后并不注销，而由公司自己持有，在适当的时机再向市场出售或用于对员工的激励。——译者注

面。当然也有个别例外，巴菲特一直看好的 M&T 银行就是其中之一。M&T 银行的债务股权比率只有 7.7，这反映出其管理高层偏于保守的贷款策略。

这里有一个简单的规律，就是除非我们是在寻找金融机构，否则一旦我们看到一家公司调整后的债务股权比率低于 0.80（越低越好）的话，那很可能这家公司就是我们梦寐以求的、具有持续竞争优势的公司。

能找到自己一直苦苦寻求的东西通常是一件令人愉悦的事，特别是当你一直梦想着成为富豪的时候。

第 43 章

股东权益/账面价值

资产负债表/股东权益（单位：百万美元）

项目	金额
流动负债合计	21 525
优先股	0
普通股	880
资本公积	7 378
留存收益	36 235
库存股票－普通	－23 375
其他权益	626
→ 股东权益合计	21 774
负债合计和股东权益	43 269

将你的资产减去你所有的欠债，就能得到你的财富净值。同样的道理，将公司总负债从总资产中减去，也能得到公司净资

产（也叫股东权益或公司的账面价值）。这是公司所有者或者股东初始投入并留在公司保持其运营的那部分资金。股东权益记录在股票资本的账户下，它包括优先股和普通股、资产公积和留存收益。将总负债和总股东权益合计相加得到的总和应该等于总资产，这就是为什么它叫资产负债平衡表的原因——两边永远保持平衡。

为什么股东权益对我们来说是一个非常重要的指标？因为通过它，我们能计算出股东权益报酬率，后者是我们判断公司是否具有对它有利的持续竞争优势的方法之一。

接下来，让我们深入详细地分析。

第 44 章

优先股、普通股和资本公积

资产负债表/股东权益（单位：百万美元）

→ 优先股	0
→ 普通股	880
→ 资本公积	7 378
留存收益	36 235
库存股票－普通	－23 375
其他权益	626
股东权益合计	21 774

一个公司可以通过向公众发行债券或股票来筹集新的资本。通过发行债券筹集的资金在将来的某一时间必须偿还，它是借来的资金。但是，当公司通过向公众发行优先股或普通股筹集资金时，它永远不需要偿还。这些资金将永远为公司所有，可以任意使用它们。

普通股代表对公司的所有权。普通股持有者是公司的所有人，并拥有选举公司董事会的权力，而董事会按照规定聘请一名首席执行官来经营公司。如果董事会投票通过分红方案，普通股股东将获得相应的分红。如果整个公司被出售的话，普通股股东将得到所有收益。

股权的第二种类别叫优先股。优先股股东没有公司经营的投票表决权，但他们在普通股股东获得分红之前，就能获得固定或浮动的红利。此外，优先股股东在公司陷入破产时，还拥有优先于普通股股东的追述权。

在资产负债表上，优先股和普通股均以其票面价值计入相应账户。如果公司溢价发行（发行价格超过票面价值）股票，由此而多获得的资金将记录在资本公积账户里。例如，公司发行的优先股票面价值为每股 100 美元，公司以每股 120 美元的价格对公众发售的话，其每股 100 美元的价值将记录到优先股账户，而每股 20 美元的价值则被记录到资本公积账户。

这同样适用于普通股，比如说其票面价值为每股 1 美元，如果公司以每股 10 美元的价格向公众发售的话，那每股 1 美元的价值将记录在资产负债表上的普通股账户，而每股 9 美元的价值将记录到资本公积账户。

关于优先股，奇怪的事情是，那些具有持续竞争优势的公司基本上没有多少优先股。其中一个原因是它们基本上不需要任何债务。它们赚取的丰厚利润完全可以“自给自足”。尽管优先股是原始投入到公司，并且永远不需要偿还的资金，在会计表上表现为一项权益，但实际上它更像需要支付红利的负债。不同之处在于，为负债支付的利息可以从税前利润中扣除，而为优先股支付的红利是不能扣减税费的，这样就使得通过发行优先股筹集资金的成本比较昂贵。由于它是一种昂贵的筹资方式，如果可能的话，公司一般会选择避而远之。因此，当我们搜寻具有持续竞争优势的公司时，一个重要的标志就是在公司的资本结构中找不到优先股的身影。

第45章

留存收益：巴菲特变得超级富有的秘密

资产负债表/股东权益（单位：百万美元）

项目	金额
优先股	0
普通股	880
资本公积	7 378
→ 留存收益	36 235
库存股票－普通	－23 375
其他权益	626
股东权益合计	21 774

到了年底，一个公司的净利润可以用于派发分红，也可以用于回购公司的股份，或者将它们保留下来维持公司的运营。当它们被留着用于公司运营时，将记录在资产负债表上股东权益下的留存收益账户。

如果将收益留存用于可赢利的投资，那它们将极大地改善公司的长期经济前景。正是由于巴菲特采取了留存伯克希尔公司100%净利润的策略，公司的股东权益从1965年的每股19美元提高到2007年的每股78 000美元。

要想知道公司每年会有多少净利润进入到留存收益，我们可以将公司的税后净利润减去派发的红利，再减去公司当年用于股票回购的开支。2007年，可口可乐公司赚取了59亿美元的税后净利润，其中31亿美元被用于派发红利和股票回购。这样，剩下的大概28亿美元的利润将被增加到留存收益储备中。

留存收益是一项累计数据，也就是说，每年新增的留存收益将被累加到以前年度的留存收益中。同样，如果公司发生亏损，将从公司过去所累积的留存收益中扣减当年的亏损额。如果公司亏损的金额比其累积的留存收益还要多，其留存收益将以负数显示。

在资产负债表上，所有能帮我们判断一家公司是否具有持续竞争优势的指标当中，留存收益是最重要的指标之一。其原因是，如果一家公司不能保持其留存收益一直增加的话，它的净资产是不会增长的。如果公司的净资产不能增长，那么从长远来看，我们不会成为超级富翁。

简而言之，公司留存收益的增长率是判断公司是否得益于某种持续竞争优势的一项好指标。让我们看看那些巴菲特所偏爱的具有持续竞争优势的公司：可口可乐公司在2004~2008年一直保持留存收益为7.9%的年增长率，箭牌公司一直保持10.9%的留存收益增长率，伯灵顿北方圣太菲铁路运输公司则一直保持15.6%的留存收益增长率，而巴菲特所拥有的伯克希尔公司，其留存收益增长率高达到 23%。

并不是所有的留存收益增长都归因于产品销售量的增加，它也可能是收购其他公司所导致。当两家公司合并时，它们的留存收益将合并起来形成更大的储备。例如，当宝洁公司在 2005 年收购吉利公司时，它的留存收益从 130 亿美元一跃上升到 310 亿美元。

更有趣的是，通用汽车公司和微软公司显示的留存收益都为负值。通用汽车公司的留存收益为负值，主要是因为汽车行业持续低迷导致公司亏损数十亿美元。微软公司负的留存收益，主要是因为它有足够强大的经济动力，它不需要留存在过去几年所积累的大量资本，所以，它更愿意将累积的留存收益，甚至更多的资金用于回购公司股票和给股东派发红利。

巴菲特在伯克希尔·哈撒韦取得巨大成功的关键秘诀之一，就是他在取得该公司控股权后停止了派发分红，将公司全部年度净利润增加到留存收益储备当中。当机会来临时，他将公司的留存收益投资于那些收益率更高的公司，由此赚得的利润又全部汇入到公司的留存收益，然后又投资于更能赚钱的公司，如此循环。随着时间的推移，伯克希尔不断增长的留存收益储备使其赢利能力也在不断地增长，他赚取的利润也越来越多。1965 ~2007 年间，由于留存收益的扩张，伯克希尔的税前利润从 1965 年的每股 4 美元增长到 2007 年的每股 13 023 美元，这大约相当于 21% 的年均增长率。

其中的道理很简单：公司留存的收益越多，它的留存收益增长就越快，而这又将提高公司未来收益的增长率。当然，这里有一个前提条件，公司必须持续买入那些具有持续竞争优势的公司。这恰恰就是巴菲特在伯克希尔·哈撒韦一直所做的。伯克希尔就像一只不断产下金蛋的鹅，而且它下的每个金蛋都能再孵出一只会下金蛋的鹅，所有这些下金蛋的鹅不断地孵出更多的金蛋。巴菲特发现，如果你能将这个过程保持足够长的时间，到最后，当你盘点自己的财富时，计量单位将会以10亿美元计算，而不是以百万美元计算。

第 46 章

库存股票：巴菲特喜欢在资产负债表上看到的

资产负债表/股东权益（单位：百万美元）

优先股	0
普通股	880
资本公积	7 378
留存收益	36 235
→ 库存股票－普通	－23 375
其他权益	626
股东权益合计	21 774

当一个公司回购自身的股票时，有两种处理方式，要么直接将回购的股份注销，要么保留它们，以备今后可能再发行时使用。如果直接将它们注销的话，这部分股份就不复存在了。但是如果保留它们以备日后可能再发行时使用，它们将被记录在资产负债表股东权益下的库存股票账户里。以库存股票方式存在的股份既没有投票

表决权，也不享有分红的权力。尽管它可以定义为一项资产，但只能以负值的权益体现在资产负债表上，因为它代表股东权益的减少。

那些具有持续竞争优势的公司因其强大的经济实力，更易于获得充裕的资金用来回购它们自身的股票。所以，一家公司具有持续竞争优势的主要标志之一，就是其资产负债表上出现库存股票。

关于库存股票，还有一些财务方面的原因必须让大家清楚。其一，当一个公司回购自身股票并以库存股票形式持有时，它将减少公司权益，从而增加股东权益回报率。因为高水平的股东权益回报率是持续竞争优势的一个标志，所以，最好弄明白高股东权益回报率是财务处理的结果，还是因为公司杰出的业绩，或者两者皆有。为了区分各自的作用，我们将库存股票的负值转化成正值，并加到股东权益上（而不是从中减去），然后用这个新的股东权益除以公司的净利润，这样计算的股东权益回报率就剔除了财务处理方面的影响。

其二，美国规定库存股票在确定公司的控制权时不能作为流通股的一部分，这会直接影响到个人控股公司税费的适用问题。一些不择手段的公司股东可能向美国国家税务局汇报他们只拥有公司所有流通股的49%。但如果减去库存股票（法律上也有规定），他们实际控股则超过50%，并且拥有公司的控股权，因此他们有义务缴纳个人控股公司税。

让我们以一个简单的原理结束本章：如果资产负债表上出现了库存股票，表明公司曾经回购股票，那么，这家公司很可能具有一种与之有利的持续竞争优势。

第 47 章

股东权益回报率：第一部分

资产负债表/股东权益（单位：百万美元）

项目	金额
优先股	0
普通股	880
资本公积	7 378
留存收益	36 235
库存股票－普通	－23 375
其他权益	626
→股东权益合计	21 774

股东权益等于公司总资产减去公司总负债，也等于优先股和普通股的总和再加上资本公积和留存收益，然后减去库存股票所得到的值。

股东权益有三个来源。第一部分来源于最初对公众发行优先股和普通股所募集的资金；第二部分来源于公司上市运营后对社会公众增加发行优先股和普通股筹措的资金；第三部分，也是对我们来说最重要的部分，来源于公司积累的留存收益。

因为所有权益都是属于公司的，而公司又为普通股股东所有，所以权益实际上属于普通股股东，这也是为什么它叫作股东权益的原因。

假如我们是一个公司的股东，我们将非常关注该公司的经理人在合理分配资金方面的表现是否优秀，能否为我们赚取更多的利润。如果他们在这方面表现糟糕，我们会感到不安，甚至有可能出售股份，将资金投到其他有利可图的地方。但是，如果他们在这方面表现优异，我们可能会追加资金，买入公司更多的股份，那些被公司管理层的优秀能力所打动的投资者也会随之而来。为此，金融分析师们发明了股东权益回报率公式，以衡量管理层在分配股东资金方面的效率。巴菲特在寻求具有持续竞争优势的公司时，会将那些杰出的候选公司放入上述公式进行检验，这就是我们下一章的主题。

第 48 章

股东权益回报率：第二部分

计算公式：净利润除以股东权益等于股东权益回报率。

巴菲特发现，那些受益于某种持续性或长期竞争优势的公司往往有较高的股东权益回报率。巴菲特钟爱的可口可乐公司，其股东权益回报率高达 30%；箭牌公司的股东权益回报率也达到了 24%；好时食品公司的股东权益回报率竟达到 33%；百事公司更是高达 34%。

让我们将目光转向高度竞争的航空业。该行业没有一家公司拥有可持续的竞争优势，因此它们的股东权益回报率相形见绌。联合航空公司在繁荣时期的股东权益回报率仅为 15%，美国航空公司的股东权益回报率只有 4%。德尔塔航空公司和西北航空公司压根儿就没有赚取任何利润，其股东权益回报率为零，甚至为负值。

高股东权益回报率意味着公司有效地利用了留存收益。随着时间的推移，这些高额的股东权益回报总会累积起来，并增加公司的内在价值，有朝一日股票市场会认可其价值，并将股价推向高位。

请注意：有些公司的赢利能力非常强劲，使得它们不需要留存任何利润，它们将利润以红利形式全部分派给股东。这种情况下，公司的股东权益有时会显示为负数。需要警觉的是，那些濒临破产的公司的股东权益同样也为负数。如果公司显示出一贯强劲的净利润，但却拥有负的股东权益，那么该公司可能是一家具有持续竞争优势的公司。但是，如果公司显示的股东权益为负数，并且长期以来都是亏损状态，那么我们遇到的很可能是一家在竞争中落败的平庸公司。

所以，规律就是：高股东权益回报率意味着“近玩”，而低股东权益回报率意味着“远观”。

明白了吗？好的，让我们继续下一章。

第 49 章

杠杆问题和可能的骗局

杠杆就是利用负债去增加公司利润。公司以 7% 的利息借入 1 亿美元，然后将它投入公司运营中，并赚得 12% 的回报。这意味着在扣除资本成本后，公司还可以赚取 5% 的利润，也就是 500 万美元的最终收益。这将增加公司的利润和股东权益回报率。

杠杆的问题在于，它可能使公司表面上看起来具有某种竞争优势，但实际上只是利用了大量的债务来增加利润。华尔街的那些投资银行就是因为大量运用杠杆原理而臭名昭著的。比方说，它们以 6% 的利息借入 1 000 亿美元，然后以 7% 的利息将其贷出，这意味着它们将从中赚取这 1 000 亿美元的 1%，也就是 10 亿美元。如果每年能赚取 10 亿美元，这可能令公司看来具有某种持续竞争优势，但实际上并非如此。

尽管这些投资银行看起来有源源不断的利润流入，但公司实际的利润来源（贷款利息）可能会出现问题。这种情况在最近的次贷危机中就发生了，并造成了这些银行数千亿美元的损失。比如说，它们以6%的利息借入数十亿美元，然后以8%的利息贷款给次级购房者（还款能力稍差的购房者），银行由此可以赚取巨额利润。但当经济不景气时，次级购房者开始出现违约的情况，停止支付贷款利息。由于那些次级借款人没有稳定收入，最终将导致这些投资银行无法持续赢利，甚至出现亏损的情况。

在评估一个公司竞争优势的质量和持续性方面，巴菲特会尽量避开那些使用大量杠杆来获取利润的公司。从短期来看，这些公司可能是一只下金蛋的鹅，但最终它们将一无是处。

第三部分

现金流量表

靠大量资本才能成长的公司与几乎不需要资本就能成长的公司之间有天壤之别。

——沃伦·巴菲特

专家导读

巴菲特发现，当我们判断公司是否得益于某种持续竞争优势时，现金流量表所提供的信息非常有帮助。

巴菲特分析现金流量表时最关注两个指标：

1. 资本开支：指购买厂房和设备等长期资产（持有时间超过一年以上）的现金或现金等价物支出。我们可以简单地将公司10年来的累计资本开支与该公司同期的累积净利润进行比较，以真实地反映公司的长期发展前景。经验告诉我们，那些具有持续竞争优势的公司，其资本开支占净利润的比率都非常小。巴菲特发现，如果一家公司将净利润用于资本开支的比例一直保持在50%之下，那么你可以把它列入具有持续竞争优势公司的候选者名单。如果该比例保持低于25%的水平，那这家公司就很可能具有与之有利的持续竞争优势。

2. 回购股票：巴菲特发现，一个公司具有持续竞争优势的特征是公司曾经回购过自身股票。通过使用公司多余的闲置资金用于回购股票，会减少流通股数量，从而提高每股收益，最终推动公司的股票价格上涨。在现金流量表上仔细查看其投资活动产生的现金流。在那里你将看到名为“发行（回购）股票，净值”的一个账户。该账户列出了公司发行和回购股票的净额。如果一家公司每年都进行股票回购，那么很可能这是一家具有持续竞争优势的公司，因为只有这样的公司才有充裕的资金从事股票回购。

第 50 章
现金流量表：巴菲特靠它查看现金

在会计处理方法上，大多数公司使用的是权责发生制，而不是收付实现制。权责发生制是指产品一旦发货，就会被记录到销售收入账目，不管购买者何时支付货款。但在收付实现制下，公司要收到货款现金之后才能入账。几乎所有的公司都会给它们的产品购买者提供各种信用，它们发现使用权责发生制更具优越性，因为这种方法允许它们将赊销作为收入记录在损益表上，同时在资产负债表上也增加应收账款。

既然权责发生制允许赊销作为收入记账，那么对公司来说，就有必要将实际发生的现金流入和现金流出单独列示。为此，会计师们就发明了现金流量表。

一家公司可能通过发行股票或债券获取大量现金，但它不能产生赢利。（同理，一家公司有大量的赊销而没有任何现金流入，它也可能产生赢利。）现金流量表将告诉我们，这家公司是现金流入大于现金流出（“正的净现金流”），还是现金流入小于现金流出（“负的净现金流”）。

现金流量表同损益表一样，反映的是某段时期的情况。公司的会计部门每个季度和每个会计年度都会编制一份现金流量表。

现金流量表可分为三个部分：

第一部分，经营活动产生的现金流。这部分以净利润开始，加上折旧费和待摊费用。从会计角度看，尽管这些都是实际的费用支出，但它们并不消耗任何现金，因为它们代表的是多年前已经支付的现金。最后，我们得到的是经营活动产生的现金流合计值。

（单位：百万美元）

净利润	5 981
折旧费	1 163
待摊费用	125
经营活动产生的现金流量合计	7 269

第二部分，投资活动产生的现金流。这部分包括该报表期间内所有的资本开支。资本开支项目通常是负值，因为它是一项消耗现金的开支。

资本开支下面是其他投资活动现金流量项目，这个项目是购买和出售赢利资产的费用和收益合计。如果花费的现金比收入的现金要多的话，该项目为负值。如果现金收入比现金花费多，则为正值。

将以上两类账户相加，我们将得到投资活动产生的现金流量合计。

（单位：百万美元）

资本开支	（1 648）
其他投资活动现金流量项目	（5 071）
投资活动产生的现金流量合计	（6 719）

第三部分，融资活动产生的现金流。这部分用于核算公司由于融资活动产生的现金流入和流出，其中包括支付红利的现金流出，也包括发行和回购公司股票产生的现金流入和流出。当公司为修建新厂房融资而发行股票时，现金将流入公司；当公司回购自身股票时，现金则流出公司。债券融资也如此：发行债券产生现金流入，偿还债券产生现金流出。将所有这三个项目加总起来，就得到融资活动产生的现金流量合计。

（单位：百万美元）

支付现金红利	（3 149）
发行（回购）股票［净值］	（219）
发行（回购）债券［净值］	4 341
融资活动产生的现金流量合计	973

现在，如果我们将经营活动产生的现金流加上投资活动产生的现金流，再加上融资活动产生的现金流，我们将得到公司现金流量净额。

（单位：百万美元）

经营活动产生的现金流量合计	7 269
投资活动产生的现金流量合计	（6 719）
融资活动产生的现金流量合计	973
现金流量净额	1 523

巴菲特发现，当我们判断公司是否得益于某种持续竞争优势时，现金流量表所提供的信息非常有帮助。因此，让我们卷起衣袖，埋头于现金流量表，仔细查看一下巴菲特在寻找赚取下一个10亿美元利润的目标公司时所关注的东西。

第 51 章

资本开支：致富秘诀之一就是减少它

现金流量表　　（单位：百万美元）

→ 资本开支	1 648
其他投资活动现金流量项目	5 071
投资活动产生的现金流量合计	6 719

资本开支是购买长期资产（持有时间超过一年以上）的现金或现金等价物支出，如房屋、厂房、机器设备。它们同样包括无形资产，如专利权的花费。从本质上讲，它们是通过多期折旧或摊销费用的资产，而不是一次性耗费的资产。在现金流量表中，资本开支被记录在投资活动产生的现金流账户里。

为你的公司买辆汽车是一项资本开支，汽车的费用将在其使用年限（假定为 6 年）内每年计提折旧进行摊销，但是这辆汽车消耗的汽油是一项当期费用，它将在当期利润中被扣除掉。

在资本开支方面，不同的公司有不同的需求。很多公司为了能保持行业中的龙头地位，必须大量投入资本开支。如果一家公司连续几年都维持着高额的资本投入，这必将严重影响公司的利润。巴菲特说过，这就是他不投资通信类公司的原因，因为通信类公司需要花费巨额资本开支用于建设室外通信网络，这严重阻碍了其长期经营发展前景。

通常情况下，一个具有持续竞争优势的公司为维持正常经营，其净收益中用于资本开支的比例比那些没有竞争优势的公司小得多。让我们看一些实例。

巴菲特一直钟爱的可口可乐公司，1998～2008 年每股收益总计赚取了20.21 美元的利润，而同期内每股只使用了 4.01 美元（也就是总利润的19%）用于资本开支。穆迪公司，一个巴菲特认为具有持续竞争优势的公司，1998～2008 年每股收益总共赚取了 14.24 美元的利润，但只使用了微不足道的0.84 美元（也就是总利润的5%）用于资本开支。

相比于可口可乐公司和穆迪公司，通用汽车公司在 1998～2008 年内的累计每股收益（扣减了亏损部分）为 31.64 美元，但资本开支的耗费高达每股 140.42 美元。轮胎制造商固特异公司在 1998～2008 年内的累积每股收益（扣除亏损后）为 3.67 美元，但却要花费总计每股 34.88 美元用于资本开支。

也就是说，通用汽车公司使用了超过其利润额的 444% 用于资本开支，而固特异公司的资本开支超过了利润额的 950%。那么，多余的钱从何而来呢？它们来自银行贷款或向公众新发行的公司债券。这些活动必将使公司的资产负债表上增加更多的负债，从而增加公司用于支付利息的费用，所有这一切并不是一件好事。

然而，可口可乐公司和穆迪公司都有充裕的收益用于股票回购，这将减少普通股数量，同时减少长期贷款或者保持较低水平的长期贷款。这两种行为对巴菲特来说，都能显现出极大的正效应，并且能帮助巴菲特识别出可口可乐公司和穆迪公司都是具有持续竞争优势的公司。

当分析资本开支与净利润之间的关系时，我们简单地将公司 10 年来的累计资本开支与该公司同期的累积净利润进行比较。我们之所以分析 10 年期的数据，是因为只有这样才能真实地反映公司的长期发展前景，帮助我们判断公司的最终走向。

经验告诉我们，那些具有持续竞争优势的公司，其资本开支与净利润的比率都非常小。例如，箭牌公司每年使用大概 49% 的净利润用于资本开支；奥驰亚集团大概使用 20% 的净利润用于资本开支；宝洁的这一比例为 28%；百事可乐的这一比例为 36%；美国运通的这一比例为 23%；可口可乐的这一比例为 19%；穆迪公司的这一比例为 5%。

巴菲特发现，如果一家公司将净利润用于资本开支的比例一直保持在 50% 以下，那么你可以把它列入具有持续竞争优势公司的候选者名单。如果该比例保持在低于 25% 的水平，那这家公司就很可能具有有利的持续竞争优势。

对我们来说，有利的持续竞争优势就代表着所有的一切。

第 52 章

股票回购：巴菲特增加股东财富的免税途径

现金流量表

融资活动产生的现金流量项目

（单位：百万美元）

支付现金红利	(3 149)
→ 发行（回购）股票［净值］	(219)
发行（回购）债券［净值］	4 341
融资活动产生的现金流量合计	973

从上面的现金流量表可以看到，公司支出 31.49 亿美元的现金红利，回购了 2.19 亿美元的自身股票，并新发行 43.41 亿美元的公司债券。所有这些融资活动给公司增加了总共 9.73 亿美元的现金流入。

那些具有持续竞争优势的公司赚取了大把的钞票，喜笑颜开的它们开始考虑这些钱的处理问题。如果不想将这些钱闲置，又不能将它们再投资于公司现有业务，或者未能寻找到新的投资项目，那么它们可以将这些钱给股东们支付现金红利，或者用于回购公司股票。但因为股东们得为红利支付所得税，巴菲特从来就不怎么喜欢通过派发红利来增加股东的财富，其实，股东们也不愿意将部分财富白白送给美国国家税务局。巴菲特想出了一个巧妙的办法：将公司多余的闲置资金用于回购公司股票。这会减少公司的流通股数量（公司持股股东的利益将增加），从而提高每股收益，最终导致公司股票价格上涨。

让我们看一个例子：如果一家公司赚取 1 000 万美元的利润并有 100 万流通股，那么公司每股收益为 10 美元。如果我们将流通股的数量增加到 200 万，那公司的每股收益将降至每股 5 美元。同理，如果我们将公司流通股数量减少到 50 万股，那公司的每股收益将增加到每股 20 美元。流通股数量越多，意味着每股收益越低；流通股数量越少，则意味着每股收益越高。因此，一个公司回购自身股票将增加它的每股收益，尽管净利润实际上并没有增加。最奇妙的是，股东们在出售其股份之前，他们的财富增加了，却不需要为之赋税。就把它当做源源不断的免费礼物吧！

巴菲特是这项金融工程的忠实爱好者。在他投资的优质公司中，他都说服董事会去回购公司股票，而不是扩大派发红利。他在美国政府雇员保险公司就运用了这个策略，在华盛顿邮报公司也是这样。

要想知道一家公司是否在回购自身股票，可以到现金流量表上仔细查看其投资活动所产生的现金流。在那里，你将看到名为“发行

（回购）股票［净值］”的一个账户。

该账户列出了公司发行和回购股票的净额。如果一家公司每年都进行股票回购，那么这很可能是一家具有持续竞争优势的公司，因为只有这样的公司才有充裕的资金从事股票回购。

换句话说，一个公司具有持续竞争优势的表象特征之一，就是公司曾经回购过自身股票。

第四部分

衡量具有持续竞争优势公司的价值

我寻找那些我能够预测其未来10～15年发展方向的公司。拿箭牌公司的口香糖来说，我认为互联网并不影响人们咀嚼口香糖的方式。

——沃伦·巴菲特

专家导读

巴菲特选股的秘诀是：只选择买入那些具有持续竞争优势的公司。这类公司的股票相当于一种股权债券，公司的税前利润就是债券所支付的息票利率。但不同于普通的债券，股权债券所支付的息票利率不是固定的，而是年复一年地保持增长态势，股权债券的内在价值自然也在不断地攀升。

估算股票的市场价值的简单方法是，用每股赢利除以长期公司债券利率。尽管股市估值水平短期有涨有跌，但最终会回归于长期投资的实际经济价值水平，也就是长期债券利率。巴菲特知道，如果他买入一家具有持续竞争优势的公司，随着时间的推移，股票市场最终会重估公司的股权债券，市场价格最终会回归于内在价值。

巴菲特非常重视买入价格的高低，因为你支付的成本价将直接影响你的投资回报率，因此一定要把握好买入时机以降低成本。最好是在熊市中开始买入。尽管相比于其他的“熊市便宜货”，它们的价格似乎仍然偏高，但从长远来看，它们绝对是不错的买卖。非熊市时期也有买入机会。巴菲特曾说过，当一家优质公司面临一个偶然的、可解决的困难时，一个完美的买入契机就从天而降。请注意，公司所面临的困难是可解决的。但在牛市的高点，再好的公司也不要买入。当这些超级公司以创历史新高的市盈率交易时，如果投资者以高价跟进的话，即使是一家受益于某种持续竞争优势的公司，未来很长时间内它也可能仅为投资者带来平平收益。

巴菲特强调要长期持有，如果一个公司一直保持其竞争优势，那你就不要卖出它们任何一家。道理很简单，你持有它们越久，你获得的税后回报将越多。但在三种情况下，卖出也是有利的选择。第一种情况是当你需要资金投资于一个更优秀的、价格更便宜的公司时。第二种情况是当这个公司看起来将要失去其持续竞争优势时。第三种情况在牛市期间股价远远超过了其长期内在经济价值时。一个简单法则：当我们看到这些优质公司达到40倍甚至更高的市盈率时（这确实偶有发生），就到该卖出的时候了。

第53章

巴菲特的股权债券创意如何使他致富

20世纪80年代末期，巴菲特在哥伦比亚大学进行过一场演讲，内容是那些具有持续竞争优势的公司为何有如此强大的、可预测的利润增长，使其股票变成一种息票利率不断增长的股权债券。这种债券就是公司的股票，而它的“息票利率”就是公司的税前利润，它不是公司派发的红利，而是公司实际的税前利润。

下面是巴菲特购买一家公司的过程：他查看公司的税前利润，将公司潜在的经济发展动力所体现的赢利能力与公司的市场价值进行比较，以此来判断这是否为一项物有所值的好买卖。他在股票市场买下某家公司的部分股份时，其方法也相同。

巴菲特之所以将公司的股票转换为股权债券概念，是因为他看到了持续竞争优势所产生的强大的潜在经济动力，它能给公司带来持续的利润增长。当股票市场承认公司的内在价值时，利润的持续增长最终将使公司的股票价格上涨。

允许我再重复一次：对巴菲特来说，一家具有持续竞争优势的公司，其股票相当于一种股权债券，公司的税前利润相当于普通债券的息票或它支付的利息。但不同于普通债券，股权债券所支付的息票利率不是固定的，而是年复一年地保持增长态势，股权债券的价值自然也在不断地攀升。

这是巴菲特买入一家具有某种持续竞争优势的公司时所发生的情况：每股收益一直保持增长，要么是通过销售业绩的改善、运营规模的扩大、收购新公司，要么是公司用积累的库存资金进行股票回购。随着公司利润的增长，巴菲特最初投在这些股权债券上的回报也随之增加。

让我们通过一个实际案例来分析他的理论是如何产生作用的。

20 世纪 80 年代末期，巴菲特开始以平均每股 6.5 美元的价格购入可口可乐公司股票，该公司的税前利润为每股 0.70 美元，相当于每股 0.46 美元的税后利润。从以往数据来看，可口可乐公司一直保持着每年 15% 左右的利润增长率。由此，巴菲特认为他买到的是可口可乐公司的股权债券，这种债券能为他最初每股 6.5 美元的投资带来 10.7% 的税前回报率，同时，他也认为该回报率今后将以每年 15% 的速度增长。

不同于格雷厄姆式的价值投资者，巴菲特并不是因为预期可口可乐股票价值应为每股 60 美元，而是因为认为每股 40 美元的股价存在“价值低估”而买入。他考虑的是，以每股 6.5 美元的价格买入后，将获得相对无风险的 10.7% 的初始税前回报率，并且认为这一回报率在今后 20 年将以 15% 左右的年增长率不断升高。接下来，他会将之与其他投资的风险和回报进行比较，看看这项投资是否真正具有吸引力。

对那些格雷厄姆式的价值投资者而言，税前 10.7% 并以每年 15% 的增长率增长的年回报率并不会打动他们，公司未来发生的事情也无关紧要，因为他们只对股票价格感兴趣，并且从来没打算长期持有。但对做长线投资的巴菲特来说，持有这类股权债券就是他梦寐以求的。

为什么这是他的理想投资呢？因为时间每过一年，他最初投资的回报率就会增长一些，今后，这些数据就会像金字塔一样越垒越高。请看下面的例子：巴菲特最初投资华盛顿邮报公司的股票成本价为每股 6.36 美元。34 年后（也就是 2007 年），这家传媒公司的税前利润为每股 54 美元，相当于税后每股 34 美元的回报。巴菲特投资于华盛顿邮报公司的股权债券，其税前回报率高达 849%，等同于税后 534% 的投资回报率。你可以想象巴菲特为何如此富有！

那么，巴菲特投资于可口可乐公司的股权债券怎么样呢？

可口可乐公司的税前利润以大概每年 9.35% 的增长率增长，截至 2007 年，其每股收益为 3.96 美元，相当于税后每股 2.57 美元。这意味着巴菲特初始投资的每股 6.5 美元的可口可乐公司股权债券，在 2007 年支付了每股 3.96 美元的税前回报给他，这相当于 60% 的税前年回报率和 40% 的税后年回报率。

股票市场一旦看到这些回报率，终有一日会重估巴菲特的股权债券价值，反映出其增长价值。

考虑一下：2007 年公司长期债券利率大概为 6.5%，巴菲特持有的华盛顿邮报公司股权债券税前每股收益为 54 美元，那么该公司的股票价值大约为每股 830 美元（54 美元 ÷ 0.065 = 830 美元）。2007 年，巴菲特持有的华盛顿邮报公司股权债券价格一直徘徊在每股 726 ~885 美元之间，刚好在该股权债券的资本价值 830 美元上下浮动。

我们同样可以见证巴菲特持有的可口可乐公司股权债券在股票市场的价值回归。2007 年，该公司赚取了每股 3.96 美元的收益，相当于每股 2.57 美元的税后利润。可口可乐的税前每股收益为 3.96 美元，按照 6.5% 的长期公司债券利率计算，其每股股票价格应在 60 美元（美元 3.96 ÷ 0.065 = 60 美元）。2007 年，可口可乐公司的股票价格在 45 ~ 64 美元间波动。

股票市场最终将承认公司的内在价值增长，令股票价格大幅上涨，其原因之一就在于，它们的利润可以一直保持增长态势，以至于极易成为杠杆式收购的目标。如果一家公司负担很少的债务，并且保持强势的历史赢利记录，那么当它的股价跌到足够低时，其他公司会马上介入并收购它，而收购资金则来源于以被收购公司利润为基础的融资。所以，当利率下降时，该公司的利润更值钱，因为它们可以支持更多的债务，而这又会进一步推升公司股价。当利率上升时，公司的利润将贬值，因为它们能支持的债务减少了，公司股价也因此贬值。

巴菲特知道，如果他买入一家具有持续竞争优势的公司，随着时间的推移，股票市场最终会重估公司的股权债券，其市场价值大约等于每股赢利除以长期公司债券利率。的确，股票市场风云莫测，投资者们有时太过悲观，有时又太过乐观，但最终决定长期投资实际经济价值的就是长期利率。

第 54 章

持续竞争优势带来的持续增长回报

为了反复说明这一点（因为它确实需要再次强调），让我们看看巴菲特偏爱的其他一些具有持续竞争优势的公司，看它们的股权债券收益率是否一直增长。

1998 年，穆迪公司报告的税后利润是每股 0.41 美元。截至 2007 年，穆迪公司税后利润已增加到每股 2.58 美元。巴菲特当时购买穆迪公司股权债券的支付价格为每股 10.38 美元，如今，他正享受着 24% 的税后投资回报率，相当于 38% 的税前投资回报率。

1998 年，美国运通赚取的税后利润为每股 1.54 美元。2008 年，其税后利润已增加到每股 3.39 美元。巴菲特为美国运通的股权债券支付的买价为每股 8.48 美元，这意味着他在 2008 年获得了 40% 的税后投资回报率，相当于 61% 的税前投资回报率。

巴菲特长期偏爱的宝洁公司在 1998 年赚取的税后利润为每股

1.28 美元。到了 2007 年，其税后净利润达到每股 3.31 美元。巴菲特购买宝洁公司股权债券的成本价为每股 10.15 美元，该股权债券在 2008 年的税后投资回报率为 32%，相当于 49% 的税前投资回报率。

早在 1972 年，巴菲特就以 2 500 万美元买下了整个希斯糖果公司。2007 年，它的税前利润为 8 200 万美元，这意味着巴菲特在希斯股权债券上的原始投资如今能获得 328% 的税前年投资收益率。

对所有这些公司来说，它们的持续竞争优势促使其净利润年复一年地增长，而这反过来又会增加公司的内在价值。的确，股票市场会随着时间的增长承认这些价值，这最终将变成现实，而且巴菲特也已经见证过很多次了。

第 55 章

衡量具有持续竞争优势公司价值的其他途径

前面的章节提到，从 1987 年起，巴菲特开始以平均每股 6.50 美元的价格买入可口可乐公司股票，该公司的税前利润为每股 0.70 美元（相当于每股 0.46 美元的税后利润），而且其利润年增长率一直保持在 10% 左右。

看到这些数据，巴菲特认为他买入了可口可乐公司的一种股权债券，该债券最初每年支付给他 10.7% 的税前年利率，同时他还认为这个税前回报率将随时间而增高，预计每年增长率为 10%（从 1987 年开始，可口可乐公司近 10 年的平均年利润增长率为 10%）。

假设巴菲特在 1987 年预计公司的利润年增长率为 10%，那他可就此推算，到 2007 年时，可口可乐公司将获得每股 4.35 美元的税前收益或每股 2.82 美元的税后收益。这就意味着，到 2007 年，可口可乐公司股权债券的税前回报率将增长到 66%，相当于 43% 的税后投资回报率。

每股6.5美元、税前收益为66%的股权债券在2007年的价值相当于1987年价值的多少呢？这由我们使用的贴现率决定。如果我们使用7%的贴现率（1987年长期利率的水平），那么贴现回报率就为17%左右。用17%乘以每股6.5美元的支付价格，我们就得到1.10美元的每股税前收益。再以1.10美元乘以可口可乐公司在1987年的市盈率（P/E值）14，我们得到每股股票价值应为15.40美元。因此巴菲特可推算，他在1987年以每股6.5美元买入一份可口可乐公司股权债券，并持有20年，那么这份股权债券的内在价值将为15.40美元。

到2007年，可口可乐的税前利润以9.35%的年增长率攀升至每股3.96美元，相当于税后的每股2.57美元。这意味着，巴菲特认为他以每股6.50美元买入的可口可乐股权债券，如今能带给他每股3.96美元的税前回报，这相当于60%的税前投资回报率和40%的税后回报率。

2007年，巴菲特持有的可口可乐公司股权债券价格在每股45~64美元。同年，可口可乐公司赚取的税前利润为每股3.96美元，相当于税后利润为2.57美元。以2007年的公司长期利率6.5%为基准进行资本定价，可口可乐公司每股3.96美元的税前收益折算出其股票价值为每股60美元（3.96美元÷0.065=60美元）。这与可口可乐公司在2007年的股票市场价格（45~64美元）相符。

按照可口可乐股权债券的市场价格每股64美元，巴菲特可计算出他的初始投资为他带来了 12.11% 的复利回报率，而且到目前为止不用上缴任何所得税。你可以把它当成一种能获得 12.11% 的免税年回报率的债券。不仅如此，你还可以将收益追加投资到这些回报率为 12.11% 的债券上。是的，总有一天，你将卖出你的股权债券并缴纳所得税，但是如果你选择不卖出它们的话，你就能年复一年地保持赚取免税年回报率的 12.11% 。

不相信吗？想一想：巴菲特在伯克希尔公司股票上收获的资本高达 640 亿美元，但却没有为之缴纳任何税费。他成为这个世界上积累私人财富最多的人，却没有向收税员缴纳一分钱。

有比这更棒的事情吗？

第 56 章

巴菲特如何确定购买一家理想企业的最佳时机

巴菲特认为，你支付的成本价将直接影响你的投资回报率。比如，他将一家具有持续竞争优势的公司股票当作一种股权债券，为之支付的价格越高，初始投资回报率和投资该公司未来 10 年的利润回报率也就越低。让我们看一个例子：20 世纪 80 年代末，巴菲特开始以平均每股 6.50 美元的价格买入可口可乐公司股票，该公司的每股收益为 0.46 美元，巴菲特认为这相当于 7% 的初始回报率。到 2007 年，可口可乐公司每股收益为 2.57 美元，巴菲特认为，可口可乐公司股权债券如今为他每股 6.50 美元的初始投资支付了每股 2.57 美元的回报，相当于 39.9% 的投资回报率。但如果他当初支付可口可乐公司股票的成本价为每股 21 美元的话，他的初始投资回报率仅为 2.2%。到 2007 年，这一投资回报率也只能增长到 12%（2.57 美元 ÷ 21 美元 = 12%），这显然不如 39.9% 那样具有吸引力。

因此，你为一家具有持续竞争优势的公司所支付的价格越低，那你的长期回报将越高。要知道，巴菲特一直都在做长线投资。然而，这些公司很少（如果有的话）以老派格雷厄姆主义所认为的低价出售。这就是为什么那些鼓吹价值理论的格雷厄姆追随者们从来未曾持有过这些优质公司的原因，因为他们觉得这些公司的股价太高了。

那你该在什么时候买入它们呢？在熊市中开始买入。尽管相比于其他的“熊市便宜货”，它们的价格似乎仍然偏高，但从长远来看，它们绝对是不错的买卖。

一家具有持续竞争优势的公司偶尔也可能会搞砸或做出一些愚蠢的事情，这在短期内将迫使其股价大跌。新可乐案例就是其中之一。巴菲特曾说过，当一家优质公司面临一个偶然的、可解决的困难时，一个完美的买入契机就从天而降。请注意，公司所面临的困难是可以解决的。

什么时候你应该与这些优质公司保持距离呢？应该是在牛市的高点。当这些优质公司以创历史新高的市盈率交易时，如果投资者以高价跟进的话，即使是一家受益于某种持续竞争优势的公司，它也可能仅为投资者带来平庸的业绩。

第 57 章

巴菲特如何确定卖出时机

在巴菲特的投资理念中，如果一个公司一直保持其竞争优势，那你就不要将它们卖出。道理很简单，你持有它们的时间越久，你获得的回报将越多。此外，如果有朝一日，你将这些绝佳的投资卖出，这就意味着你不得不邀请收税员分一杯羹。如果收税员分得的蛋糕过多，你想成为富翁就变得比登天还难。想一想：通过投资那些具有持续竞争优势的公司，巴菲特获得了将近 360 亿美元的资本回报，而到目前为止，他还从未为这些财富缴纳任何税费。并且，如果他一直坚持这种投资方式，他永远也不用缴税。

当然，有时候你卖出一些优质公司也是有利的选择。第一种情况是当你需要资金投资于一个更优秀的、价格更便宜的公司时，这种机会偶然会有。

第二种情况是当这个公司看起来将要失去其持续竞争优势的时

候。这样的情况会周期性地发生，例如报业和电视业就是这样。它们都曾是比较理想的行业，但在互联网到来之后，突然间，它们的竞争优势开始面临着威胁。竞争优势即将消退的公司不是你投入长期资金的宝地。

第三种情况发生在牛市期间。当处于疯狂购买热潮的股市将这些公司的股票价格推至顶峰时，股票的当前售价远远超过了其长期内在价值。一家公司的长期内在价值可能直线下降，而它的股价在牛市中可能攀升至惊人的天价，但最终，其内在价值会将股价拖回到应有的水平。如果股价攀升太高，将股票出售并将这些收益再投入到其他投资，这其中得到的利益远远超过继续持有这家公司的股票。不如这样考虑：如果我们预计自己持有的公司股票在未来20年内能赚1 000万美元，而今天有人愿意支付500万美元买下整个公司，我们接受这笔交易吗？如果我们将这500万美元投资到年复利回报率仅为2%的项目，我们可能不会卖出，按照2%的年复利回报率计算，当前投资的500万美元在20年后，其价值仅为740万美元。对我们来说，这并不划算。但如果我能获得8%的年利率回报率的话，那我们手上的500万美元在20年后的价值将增长至2 300万美元。这样一来，卖出股票还是一个不错的选择。

一个简单法则：当我们看到这些优质公司达到40倍，甚至更高的市盈率时（这确实偶有发生），就到该卖出的时候了。但是，如果我们在疯狂的牛市中卖出了股票，不能马上将这些资金投出去，因为此时市场上所有股票的市盈率都高得惊人。我们能做的就是稍稍休息一下，把手上的钱投资美国国债，然后静静等待下一个熊市的到来。总会有另一个熊市在某处等着我们，让我们有机会买到一些廉价的、令人惊叹的、具有持续竞争优势公司的股票。在将来，我们将成为超级富翁。

像沃伦·巴菲特一样去实现你的投资梦想吧！

附 录

具有持续竞争优势公司的资产负债例表

资产负债表　（单位：百万美元）

资产		负债	
现金和短期投资	4 208	应付账款	1 380
存货合计	2 220	预提费用	5 535
应收账款合计（净值）	3 317	短期借款	5 919
预付账款	2 260	一年内到期的长期借款	133
其他流动资产合计	0	其他流动负债	258
流动资产合计	12 005	流动负债合计	13 225
房产/厂房/设备	8 493	长期借款	3 277
商誉（净值）	4 246	递延所得税	1 890
无形资产（净值）	7 863	少数股东权益	0
长期投资	7 777	其他负债	3 133
其他长期资产	2 675	负债合计	21 525
其他资产	0		
资产合计	43 059	**所有者权益**	
		优先股	0
		普通股	880
		资本公积	7 378
		留存收益	36 235
		普通国债	-23 375
		其他权益	626
		所有者权益总额	21 744
		负债和所有者权益合计	43 269

附 录

不具有持续竞争优势公司的资产负债例表

资产负债表 （单位：百万美元）

资产		负债	
现金和短期投资	28 000	应付账款	22 468
存货合计	10 190	预提费用	5 758
应收账款合计（净值）	69 787	短期借款	32 919
预付账款	260	年内到期的长期借款	920
其他流动资产合计	5	其他流动负债	258
流动资产合计	108 242	流动负债合计	62 323
房产/厂房/设备	40 012	长期借款	133 277
商誉（净值）	736	递延所得税	5 890
无形资产（净值）	333	少数股东权益	0
长期投资	43 778	其他负债	3 133
其他长期资产	22 675	负债合计	204 623
其他资产	5 076		
资产合计	220 852	所有者权益	
		优先股	150
		普通股	880
		资本公积	7 378
		留存收益	8 235
		普通国债	0
		其他权益	-414
		所有者权益总额	16 229
		负债和所有者权益合计	220 852

附　录

具有持续竞争优势公司的损益例表

损益表　（单位：百万美元）

项目	金额
总收入	28 857
销售成本	10 406
毛利润	18 451
营业费用	
销售费用及一般管理费用	10 200
研发费	0
折旧费	1 107
营业利润	7 114
利息	456
出售资产收益	1 275
其他	50
税前利润	7 913
应缴所得税	2 769
净利润	5 144

附　录

不具有持续竞争优势公司的损益例表

损益表	（单位：百万美元）
总收入	172 455
销售成本	142 587
毛利润	29 868
营业费用	
销售费用及一般管理费用	20 170
研发费	5 020
折旧费	6 800
营业利润	（2 122）
利息	10 200
出售资产收益	402
其他	35
税前利润	（11 955）
应缴所得税	0
净利润	（11 955）

术语汇编

AAA 级（AAA rating）：标准普尔公司为公司财务情况给出的最高评级。

这是财务评级中的最高级别，被评为 AAA 级的公司都是“黄金企业”。

应收账款（accounts receivable）：公司出售产品时还未收到的货款。

较高额度的应收账款是一件好事情，但大量现金收款更让人心情畅快。

累积折旧（accumulated depreciation）：资产所有折旧费的加总值，或者资产价值的总损耗。

财务人员会记录一切会计事件，包括资产折旧费的数额。累积折旧就如同一个废品箱，你可以从中得知有多少公司资产被折旧损耗。

待摊费用（amortization）：其原理与折旧费相同，只是它适用于无形资产的“折旧”，例如商誉和专利权。

折旧费适用于生产厂房之类的有形资产。但对于无形资产来说，例如专利权，它们实际并不发生折旧，因此，其成本将在几年之内逐渐摊销。

资产（asset）：公司所拥有的、被用以产生未来收益的一切财产。

资产雄厚是一件好事情，如果公司持有大量资产并能利用其资产创造巨额收益，那将是更令人喜悦的事情。

资产负债表（balance sheet）：在某个特定日期（通常在会计年度的最后一天）对公司资产、负债和所有者权益的一个概况表。

资产负债表被看作在某个特定时刻公司财务状况的一张“快照”，它体现的不是一个期间，而是某一时间点。资产负债表可以告诉你公司有多少资产和负债，将这两者相减就能得到公司净资产。

债券（bond）：代表长期债务的证券。

具有持续竞争优势的企业不会发行大量债券，因为它们根本无须多少借款。企业债务负担不重是一个好的征兆。

账面价值（book value）：公司所有资产减去所有负债。将这个数字除以公司公开发行的流通股股数，就能计算出公司的每股账面价值。

公司账面价值增加是一件好事情，反之则很糟糕。

资本开支（capital expenditure）：公司每年用于配置和更新基础设施的费用。

具有持续竞争优势的公司，其资产开支会很小。

现金流（cash flow）：公司在特定时期所产生的现金。现金流能反映公司现金的流向。

普通股（common stock）：代表企业所有权的证券。普通股股东有权利选举董事会，享受红利派发，获取公司在偿清所有债务后获得的净收益。

巴菲特就是通过购买普通股而发财致富的。

竞争优势（competitive advantage）：相对其竞争对手，公司所拥有的优势，并能以此赚取更多利润。

公司收益越多，其股东越愉快。巴菲特只对具有长期竞争优势的公司感兴趣。

销售成本（cost of goods sold）：在某一时期存货销售的成本，或者说产品原材料与人工成本。

销售成本相对于收入的比例越低越好。

流动资产（current asset）：现金或在一年内可以变现的资产。在资产负债表上，流动资产项目包括现金、现金等价物、应收账款、存货和预付费用。

流动负债（current liabilities）：一年以下的债务款项。

流动比率（current ratio）：流动资产除以流动负债的比率。

流动比率在寻找具有持续竞争优势公司方面作用甚微。

折旧（depreciation）：有形资产在使用过程中的损耗。当资产损耗时，就应该提取资产折旧费。

持续竞争优势（durable competitive advantage）：可以长期保持的相对竞争优势。

这是巴菲特的致富秘诀，也是你阅读此书的缘由。

息税折旧摊销前利润（EBITDA）：在扣除所得税、折旧费和摊销费之前的利润。

赢利很低的公司很喜欢这个指标。但巴菲特认为这一指标十分拙劣，当你听见管理层谈及使用这一指标时，说明该公司根本不具有持续竞争优势。

财务报表（financial statement）：资产负债表、损益表和现金流量表。

它们能展示一切美好的东西，但你最好多看几期财务报表，以确定公司发展走势。

商誉（goodwill）：超过其账面价值的那部分资产价值。

例如，某公司的每股账面价值为10美元，其销售价格为每股15美元。如果公司被收购，超过其账目价值的那5美元就是商誉。

毛利润率（gross margin）：总利润除以总收入的比率。

该指标越高越好。具有持续竞争优势的公司，其毛利润率通常较高。

毛利润（gross profit）：产品销售收益。总收入减去销售成本等于毛利润。

最好将毛利润与其他数据配套使用。

损益表（income statement）：反映公司在某一时期的收入和支出

情况。

单独一年的损益表不能告知我们多少信息。我们需要找出公司在过去5～10年期间的损益表，这样才能找到具有持续竞争优势的公司。

无形资产（intangible assets）：专利权或版权之类的资产，我们触摸不到它们，但它们能够创造收益。

这就像被法律保护的垄断企业，具有一种持续竞争优势。唯一的问题在于，专利权是有使用期限的，期限一过则不能被保护。到时候，世界上所有公司都能生产这种产品，公司则失去了过去由专利权带来的竞争优势。这是巴菲特始终对制药业不感兴趣的原因。

利息支出（interest expense）：公司为其长期或短期贷款所支付的利息。

不具有长期竞争优势的企业，其利息支出通常较高，因为它们持有大量的债务。而具有持续竞争优势的公司的债务负担较轻，因此也无须支付很多利息。

存货（inventory）：公司准备销售给顾客的产成品或者半成品。

倘若一家公司的销售减少而存货增加的话，你就要小心了。

杠杆（leverage）：与公司股东权益有关的债务。

公司长期杠杆越多，通常意味着该公司不具备持续竞争优势。

负债（liabilities）：公司必须偿还付清的债务。

公司的负债会列在资产负债表上。负债不是值得炫耀的东西，它越少越好。

长期债务（long-term debt）：偿还期超过一年的债务。

具有持续竞争优势的公司，其长期债务一般较少，甚至没有。

平庸企业（mediocre business）：不具备持续竞争优势的企业，它承受着巨大的竞争压力。

持有这类企业的股票，从长期看你会变得一贫如洗。

净收益（net income）：从公司销售收入中减去全部成本、开支和税费所得到的净利润。

净收益越高当然越好。如果公司的净收益能一直保持高水平状态，那么它很可能是一家具有持续竞争优势的企业。

营业费用（operating expenses）：在公司运营中，与产品生产无直接关系的成本。

该费用越少越好。

营业利润（operating profit）：公司持续经营的收益，它是扣除利息支出和所得税之前的利润，也被称为息税前收益或营业收益。

流通股（outstanding shares）：投资者持有的普通股。它不包括库存股票，但包括公司管理层和内部人员所持有的限制股。

如果公司的流通股数量在几年时间内大幅增加，但其赢利却未提高的话，通常意味着公司在发行出售新股票以补充资本，试图掩饰其平庸的业绩。巴菲特对这类公司避而远之。

优先股（preferred stock）：具有分红权利，但没有投票权的资本股。

具有持续竞争优势的公司一般没有优先股。

预付账款（prepaid expense）：它属于流动资产，是指提前支付的货款或服务费，但在本期不享有该商品的所有权或者服务带来的利益。

研发费（research and development expense）：公司在一定时期内花费在研发新产品或改进产品方面的费用。

具有持续竞争优势的公司，其研发费一般很少。

留存收益（retained earnings）：公司累积的净收益。

公司留存收益的持续增加是具有持续竞争优势的表象之一。

每股收益（return on equity）：公司净收益除以所有者权益。

公司寻找具有持续竞争优势公司的重要指标之一。每股收益越多越好。

收入（revenues）：公司销售产品或服务的货款，包括现金支付方式和赊销方式。

收入是一切财富的源头，但它不是评价企业的唯一指标，除非你在华尔街工作，并准备向公众出售一家净收入为零的公司。

SGA 成本：销售费用及一般管理费用，是指公司在会计期间与销售和管理有直接或间接关系的费用，包括管理者薪金、广告费、差旅费、诉讼费、佣金和应付薪酬等。

SGA 成本越低越好。

所有者权益（shareholders' equity）：公司的净值。公司总资产减去总负债就等于所有者权益。

库存股票（treasury shares/treasury stock）：是指由公司购回，

但没有注销，并由该公司持有的已发行股份。库存股没有投票权，也没有分红权，它们不包括在流通股之中。

如果公司拥有库存股票，说明其可能是一家具有持续竞争优势的公司。

被低估公司（undervalued company）：公司股票的市场价格低于其长期内在价值。

格雷厄姆通过购买被低估公司的股票成为百万富翁，而巴菲特通过购买具有持续竞争优势公司的股票成为亿万富翁。

致谢

首先，我非常感谢沃伦·巴菲特的宽阔胸怀与卓越智慧，千言万语都不够表达我们对他的感激之情。

感谢基伯纳出版社，特别要感谢发行人苏珊·莫尔道和罗兹·利佩，他们赋予了我们充分的写作自由。我们同样特别感谢罗兹这位优秀的编辑，他对本书文稿的修改可谓是锦上添花。我们还要感谢汤姆·杜塞尔，他在处理本书的国际出版事务时兢兢业业。

我们还要感谢已经退休的发行人埃莉诺·罗森，他成功地发行了我们的处女作《巴菲特法则》。

我，玛丽，谨以此书献给我生命中最重要的人——我的家人。首先是我的孩子们，埃丽卡、妮科尔和萨姆，他们给我带来了最大的幸福和欢乐，我每天都为他们感到骄傲。然后是我的姐妹们，给予我最无微不至关怀的多萝西·曼利和我生命中不可或缺的罗拉·西尔·蒙斯。我的姐夫吉姆·曼利总是鼓励我们在实践中追求完善……

我还要感谢最善良的人乔·坎贝尔，让我生活变得多姿多彩的好朋友乔斯林·斯金纳和了不起的探险家、我的知己理查德·班斯。感谢斯科特·达加特，感谢他的友爱和创设性的建议；感谢丽塔·沃特尼克和米歇尔·斯托里拉，他们总是如此信任我，并在每个关键时刻伸出援助之手；感谢聪慧过人的新朋友鲍勃·麦克尔威和环保媒体协会会长黛比·莱文的友好帮助；感谢肯·斯普拉弗德和亚诺什，他们总站在我需要的地方，让我随时保持清醒的头脑；感谢我的推特合作者杰伊·希尔，她是我见过最聪明伶俐的女孩；还要特别感谢才华横溢的作曲家肯·汉金斯，他每天都在鼓舞着我。

戴维希望感谢凯特和德克斯特，感谢他们的倾力之爱；感谢伟大的哥哥萨姆和安迪；感谢多年的挚友辛迪·康诺利和鲍勃·艾森伯格。他特别要感谢伟大的艺术家特里·罗森堡，咖啡店耐心接电话的斯蒂夫·罗伊以及深谈过多次的制片人亚历山大·佩恩。他还要特别感谢托德·西蒙，感谢他所做的一切，包括将贝蒂娜和米娅带进我们的生活。

戴维还要感谢怀俄明州的律师格里·斯宾塞，感谢他多年深情的帮助和指导。他是最友好、最有趣的朋友。

最后，但也是最重要的，我们都要感谢本杰明·格雷厄姆，没有他就没有我们今天的一切。